Conteúdo digital exclusivo!

Cadastre-se e transforme seus estudos em uma experiência única de aprendizado!

Acesse agora

Portal:
www.editoradobrasil.com.br/crescer

Código de aluno:
5873293A9830241

CB015096

Lembre-se de que esse código é pessoal e intransferível. Guarde-o com cuidado, pois é a única forma de você utilizar os conteúdos do portal.

Editora do Brasil

Márcia Hipólide • Mirian Gaspar

CRESCER
História

2º ano

Dados Internacionais de Catalogação na Publicação (CIP)
(Câmara Brasileira do Livro, SP, Brasil)

Hipólide, Márcia
    Crescer história, 2º ano / Márcia Hipólide, Mirian Gaspar. – 1. ed. – São Paulo : Editora do Brasil, 2018. – (Coleção crescer)

    Bibliografia.
    ISBN 978-85-10-06863-5 (aluno)
    ISBN 978-85-10-06864-2 (professor)

    1. História (Ensino fundamental) I. Gaspar, Mirian. II. Título. III. Série.

18-15897   CDD-372.89

Índices para catálogo sistemático:
1. História: Ensino fundamental 372.89
Maria Alice Ferreira - Bibliotecária - CRB-8/7964

1ª edição / 1ª impressão, 2018
Impresso no Parque Gráfico da Editora FTD

Rua Conselheiro Nébias, 887
São Paulo/SP – CEP 01203-001
Fone: +55 11 3226-0211
www.editoradobrasil.com.br

© Editora do Brasil S.A., 2018
Todos os direitos reservados

Direção-geral: Vicente Tortamano Avanso

Direção editorial: Felipe Ramos Poletti
Gerência editorial: Erika Caldin
Coordenação de arte: Cida Alves
Supervisão de revisão: Dora Helena Feres
Supervisão de iconografia: Léo Burgos
Supervisão de digital: Ethel Shuña Queiroz
Supervisão de controle de processos editoriais: Marta Dias Portero
Supervisão de direitos autorais: Marilisa Bertolone Mendes

Supervisão editorial: Priscilla Cerencio
Assistência editorial: Rogério Cantelli
Coordenação de revisão: Otacilio Palareti
Copidesque: Gisélia Costa e Ricardo Liberal
Revisão: Andréia Andrade e Maria Alice Gonçalves
Pesquisa iconográfica: Priscila Ferraz e Odete Ernestina
Assistência de arte: Samira Souza
Design gráfico: Andrea Melo
Capa: Megalo Design e Patrícia Lino
Imagem de capa: Eber Evangelista
Ilustrações: Alexandre Affonso, André Flauzino, Bruna Ishihara, Carlos Seribelli, Cristiane Viana, Eber Evangelista, Fabio Nienow, Hugo Araújo, Ilustra Cartoon e Vanessa Alexandre
Produção cartográfica: DAE (Departamento de Arte e Editoração)
Coordenação de editoração eletrônica: Abdonildo José de Lima Santos
Editoração eletrônica: Formato Comunicação
Licenciamentos de textos: Cinthya Utiyama, Paula Harue e Renata Garbellini
Controle de processos editoriais: Bruna Alves, Carlos Nunes, Jefferson Galdino, Rafael Machado e Stephanie Paparella

QUERIDO ALUNO,

ESTE LIVRO FOI FEITO PARA VOCÊ!

ELE VAI AJUDÁ-LO A PERCEBER O QUANTO VOCÊ JÁ SABE DE SUA HISTÓRIA E DA HISTÓRIA DE SUA FAMÍLIA E DE SUA ESCOLA.

É TAMBÉM UM CONVITE PARA QUE VOCÊ DESENVOLVA SUA CRIATIVIDADE, FAÇA NOVAS DESCOBERTAS, PENSE E CONVERSE SOBRE A INFÂNCIA, AS FORMAS DE MARCAR O TEMPO, A HISTÓRIA, OS MEIOS DE TRANSPORTE QUE VÁRIAS PESSOAS UTILIZAM TODOS OS DIAS E OS DIVERSOS TRABALHADORES QUE REALIZAM MUITAS ATIVIDADES IMPORTANTES EM NOSSO DIA A DIA, ENTRE OUTROS ASSUNTOS.

ACREDITAMOS QUE, POR MEIO DESTA OBRA, CONTRIBUIREMOS PARA QUE VOCÊ SE DESENVOLVA COMO UM CIDADÃO CADA VEZ MAIS PARTICIPATIVO NA CONSTRUÇÃO DE UMA SOCIEDADE JUSTA E IGUAL PARA TODOS – ESPECIALMENTE PARA AS CRIANÇAS!

BOM ANO LETIVO!

AS AUTORAS

SUMÁRIO

UNIDADE 1
A INFÂNCIA 7
TEMPO DE CRIANÇA........................8
ISTO É DOCUMENTO – DOCUMENTOS PESSOAIS 11
LEIO E COMPREENDO – OS DIREITOS DAS CRIANÇAS..............12
DIVERSAS CRIANÇAS 15
GIRAMUNDO – CUIDAR DA SAÚDE...........................17
RETOMADA 18
PERISCÓPIO............................ 20

UNIDADE 2
MEDINDO O TEMPO.........21
O TEMPO PASSA...........................22
LEIO E COMPREENDO – O TEMPO PARA OS MUNDURUKUS..............26
QUE HORAS SÃO?.........................28
ISTO É DOCUMENTO – CALENDÁRIO INDÍGENA 31

DO PASSADO PARA O PRESENTE.................................32
GIRAMUNDO – HORA DE COMER! 34
RETOMADA 36
PERISCÓPIO............................ 38

UNIDADE 3
A HISTÓRIA E OS DOCUMENTOS 39
A HISTÓRIA 40
O HISTORIADOR E OS DOCUMENTOS..........................42
LEIO E COMPREENDO – O FAZ DE CONTA.................................. 49
GIRAMUNDO – MAPAS TAMBÉM TÊM HISTÓRIA.............................. 50
RETOMADA 52
PERISCÓPIO............................ 54

LORELYN MEDINA/SHUTTERSTOCK.COM

UNIDADE 4
AS FAMÍLIAS E O TEMPO 55

MINHA FAMÍLIA EM OUTROS TEMPOS 56
OUTRAS FAMÍLIAS, HÁ MUITO TEMPO 58
OS OBJETOS QUE CONTAM A HISTÓRIA DA FAMÍLIA 60
   ISTO É DOCUMENTO – RELATOS FAMILIARES 62
   GIRAMUNDO – FAMÍLIAS BRASILEIRAS 63
   CONSTRUIR UM MUNDO MELHOR – OS DIREITOS DOS IDOSOS 64
RETOMADA 66
PERISCÓPIO 68

UNIDADE 5
ONDE AS FAMÍLIAS MORAM 69

HÁ MUITO TEMPO 70
   ISTO É DOCUMENTO – PINTURAS RUPESTRES 71
A DIVERSIDADE DAS MORADIAS 73
MORAR E CONVIVER 75
MORAR E TRABALHAR 76
   LEIO E COMPREENDO – OS ELEVADORES 78
   GIRAMUNDO – AS MORADIAS EM COMUNIDADES RIBEIRINHAS 80
RETOMADA 82
PERISCÓPIO 84

UNIDADE 6
A ESCOLA NO PRESENTE E NO PASSADO 85

O QUE É ESCOLA? 86
MUITAS ESCOLAS, MUITAS CRIANÇAS 90
AS PESSOAS QUE TRABALHAM NA ESCOLA 92
OS LIVROS QUE CONTAM AS HISTÓRIAS 93
REGRAS E COMBINADOS 94
   GIRAMUNDO – O PAPEL QUE VEM DA ÁRVORE 96
RETOMADA 98
PERISCÓPIO 100

UNIDADE 7
TRABALHO E TRABALHADORES 101

O TRABALHO 102

OS PRIMEIROS TRABALHADORES 103

OS TRABALHADORES E A COMUNIDADE.......................106

LEIO E COMPREENDO – AGORA EU ERA.............................. 112

GIRAMUNDO – AGRICULTURA E MEIO AMBIENTE 114

RETOMADA 116

PERISCÓPIO...........................118

UNIDADE 8
MEIOS DE TRANSPORTE 119

IR DE UM LUGAR A OUTRO 120

ÔNIBUS: O TRANSPORTE DE MUITA GENTE 123

CRUZANDO O CÉU 126

PEDALANDO 127

LEIO E COMPREENDO – O SONHO DE UM BRASILEIRO....... 128

MEIOS DE TRANSPORTE E TRABALHO 130

GIRAMUNDO – O TREM.................. 133

CONSTRUIR UM MUNDO MELHOR – REGRAS DE TRÂNSITO................. 134

RETOMADA 136

PERISCÓPIO...........................138

REFERÊNCIAS.........................139

MATERIAL COMPLEMENTAR...141

UNIDADE 1 — A INFÂNCIA

AS CENAS ABAIXO MOSTRAM ALGUMAS SOMBRAS. OBSERVE CADA UMA DELAS.

1. O QUE AS SOMBRAS MOSTRAM?

☐ ADULTOS.   ☐ CRIANÇAS.

TEMPO DE CRIANÇA

A INFÂNCIA É UMA DAS FASES DA VIDA DOS SERES HUMANOS.

TRATA-SE DO PERÍODO ENTRE O NASCIMENTO E A ADOLESCÊNCIA. É O TEMPO DE BRINCAR, IR À ESCOLA E CONVIVER COM OS OUTROS.

OBSERVE AS IMAGENS.

CRIANÇAS JOGAM BASQUETE EM QUADRA.

CRIANÇAS EM ESCORREGADOR NO PARQUE.

CRIANÇAS SE DIVERTEM COM JOGO DE TABULEIRO.

1. O QUE AS CRIANÇAS DAS IMAGENS ESTÃO FAZENDO?

☐ ESTUDANDO.   ☐ BRINCANDO.

2. NUMERE DE 1 A 4 OS QUADRINHOS COMEÇANDO PELA SUA DIVERSÃO FAVORITA.

☐ BRINCAR COM OS AMIGOS.

☐ PRATICAR ESPORTES.

☐ JOGAR *VIDEO GAME*.

☐ OUTRAS ATIVIDADES (ANDAR DE BICICLETA, OUVIR MÚSICA, ASSISTIR À TV ETC.).

VOCÊ TEM HISTÓRIA

DURANTE SUA INFÂNCIA, DESDE O NASCIMENTO ATÉ HOJE, VOCÊ JÁ VIVEU VÁRIOS MOMENTOS. ESSES MOMENTOS FAZEM PARTE DE SUA HISTÓRIA.

1. COM A AJUDA DE SEUS FAMILIARES, CONTE UM POUCO SOBRE VOCÊ.

A) NO PRIMEIRO QUADRO, ESCREVA O ANO EM QUE VOCÊ NASCEU E, NOS DEMAIS, O MOMENTO MAIS IMPORTANTE VIVIDO EM CADA ANO.

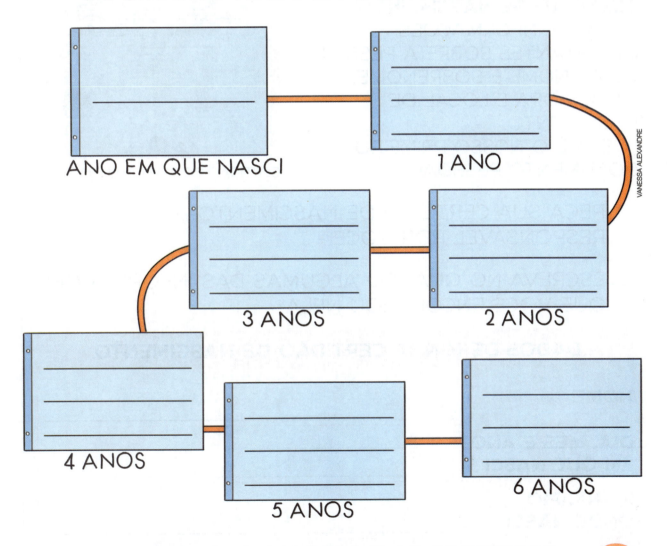

B) FALE MAIS AOS COLEGAS E AO PROFESSOR SOBRE UM DESSES MOMENTOS E CONHEÇA TAMBÉM A HISTÓRIA DELES.

PARA SABER MAIS

O PRIMEIRO DOCUMENTO

DOCUMENTO É UM REGISTRO QUE SERVE DE PROVA E QUE FORNECE INFORMAÇÕES SOBRE DIVERSAS SITUAÇÕES.

VOCÊ SABIA QUE TODA CRIANÇA TEM DIREITO A UM DOCUMENTO CHAMADO **CERTIDÃO DE NASCIMENTO**? NELA HÁ INFORMAÇÕES IMPORTANTES SOBRE A PESSOA, COMO NOME E SOBRENOME, DATA, HORA E LOCAL DE NASCIMENTO.

ELA É O NOSSO PRIMEIRO DOCUMENTO PESSOAL.

CERTIDÃO DE NASCIMENTO.

1. PEÇA SUA CERTIDÃO DE NASCIMENTO A UM ADULTO RESPONSÁVEL POR VOCÊ.

2. ESCREVA NO QUADRO ALGUMAS DAS INFORMAÇÕES QUE VOCÊ ENCONTROU NELA.

DADOS DE MINHA CERTIDÃO DE NASCIMENTO	
NOME	
DIA, MÊS E ANO EM QUE NASCI	
MUNICÍPIO ONDE NASCI	
NOME DA MÃE	

ISTO É DOCUMENTO

DOCUMENTOS PESSOAIS

HÁ OUTROS DOCUMENTOS ALÉM DA CERTIDÃO DE NASCIMENTO. VAMOS CONHECER ALGUNS DELES?

CARTEIRA DE TRABALHO.

CARTEIRA DE IDENTIDADE.

CADERNETA DE SAÚDE DA CRIANÇA.

CARTEIRA NACIONAL DE HABILITAÇÃO.

1. OBSERVE OS DOCUMENTOS RETRATADOS NAS IMAGENS E CIRCULE AQUELES QUE VOCÊ NÃO TEM.

2. PERGUNTE A UMA PESSOA DE SUA FAMÍLIA:
   A) POR QUE A CARTEIRA DE IDENTIDADE É IMPORTANTE?
   B) COM QUE IDADE VOCÊ PASSOU A TER ESSE DOCUMENTO?
   C) EU JÁ POSSO TER ESSE DOCUMENTO?

LEIO E COMPREENDO

OS DIREITOS DAS CRIANÇAS

OS DIREITOS DE TODA CRIANÇA SÃO GARANTIDOS POR LEI.

NO BRASIL, ESSES DIREITOS ESTÃO EM UM DOCUMENTO CHAMADO **ESTATUTO DA CRIANÇA E DO ADOLESCENTE**.

ESTATUTO: LEI, REGULAMENTO.

LEIA O TEXTO:

OS DIREITOS DAS CRIANÇAS SEGUNDO RUTH ROCHA

TODA CRIANÇA DO MUNDO
DEVE SER BEM PROTEGIDA
CONTRA OS RIGORES DO TEMPO
CONTRA OS RIGORES DA VIDA.

CRIANÇA TEM QUE TER NOME
CRIANÇA TEM QUE TER LAR
TER SAÚDE E NÃO TER FOME
TER SEGURANÇA E ESTUDAR.

NÃO É QUESTÃO DE QUERER
NEM QUESTÃO DE CONCORDAR
OS DIREITOS DAS CRIANÇAS
TODOS TÊM DE RESPEITAR.
[...]

EMBORA EU NÃO SEJA REI,
DECRETO, NESTE PAÍS,
QUE TODA, TODA CRIANÇA
TEM DIREITO A SER FELIZ!

RUTH ROCHA. *OS DIREITOS DAS CRIANÇAS SEGUNDO RUTH ROCHA.* SÃO PAULO: SALAMANDRA, 2014. PÁGINAS 6 E 43.

1. DE ACORDO COM O TEXTO, CIRCULE OS DIREITOS DA CRIANÇA QUE APARECEM ABAIXO.

| TER SAÚDE | ESTUDAR | TER UM LAR | TER NOME |
| TRABALHAR | SER PROTEGIDA | MORAR NA RUA |

2. OS DIREITOS DAS CRIANÇAS:

☐ DEVEM SER RESPEITADOS POR TODOS.

☐ DEVEM SER RESPEITADOS POR ALGUMAS PESSOAS.

3. NO POEMA, A AUTORA FAZ UM DECRETO. QUE DECRETO É ESSE?

_____

_____

4. GRIFE NO TEXTO OS TRECHOS QUE CITAM OS DIREITOS RESPEITADOS NO SEU DIA A DIA.

NA ESCOLA

ESTUDAR É UMA DAS ATIVIDADES REALIZADAS PELAS CRIANÇAS.

TODA CRIANÇA TEM DIREITO A ESTUDAR EM UMA ESCOLA. NELA AS CRIANÇAS VIVEM MUITAS EXPERIÊNCIAS.

CRIANÇA NO LABORATÓRIO ESCOLAR.

CRIANÇAS EM AULA DE ARTE.

CRIANÇAS EM AULA DE MÚSICA.

1. CONTE A UM COLEGA UM MOMENTO IMPORTANTE QUE VOCÊ VIVEU NA ESCOLA E DESCUBRA QUAL FOI PARA ELE O MAIS IMPORTANTE.

2. REGISTRE AS DESCOBERTAS NO QUADRO.

MEU MOMENTO IMPORTANTE	MOMENTO IMPORTANTE DO MEU COLEGA
_____ _____	_____ _____

DIVERSAS CRIANÇAS

ASSIM COMO OS ADULTOS, AS CRIANÇAS SÃO DIFERENTES UMAS DAS OUTRAS. ELAS TÊM FAMÍLIAS DIFERENTES, VIVEM EM LUGARES DIFERENTES E TÊM BRINCADEIRAS PREFERIDAS.

CRIANÇAS BRINCAM NO RIO. QUERÊNCIA, MATO GROSSO, 2016.

CRIANÇAS ESTUDAM EM ESCOLA DO CAMPO. TURMALINA, MINAS GERAIS, 2015.

CRIANÇAS BRINCAM EM BALANÇO NO PARQUE. PORTO ALEGRE, RIO GRANDE DO SUL, 2016.

CRIANÇAS BRINCAM COM AREIA EM PARQUE. SÃO PAULO, SÃO PAULO, 2017.

1. PINTE DE **AZUL** O QUADRINHO DAS ATIVIDADES REALIZADAS PELAS CRIANÇAS RETRATADAS ACIMA QUE TAMBÉM SÃO PRATICADAS POR VOCÊ.

- [ ] IR À ESCOLA.
- [ ] NADAR COM AMIGOS.
- [ ] BRINCAR NO PARQUE.
- [ ] BRINCAR COM AMIGOS.

CRIANÇAS DE OUTROS LUGARES DO MUNDO

CRIANÇAS QUE MORAM EM OUTRAS PARTES DO MUNDO TAMBÉM TÊM DIREITOS SEMELHANTES AOS SEUS. VAMOS CONHECER ALGUMAS DELAS?

CRIANÇAS EM SALA DE AULA. LUANDA, ANGOLA, 2016.

CRIANÇAS ALIMENTANDO-SE. CUZCO, PERU, 2011.

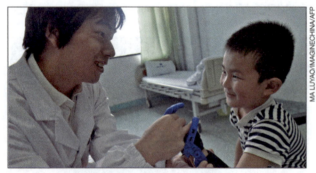

CRIANÇA EM CONSULTA MÉDICA. WUHAN, CHINA, 2015.

CRIANÇAS BRINCAM COM TRENÓ. NIKOLAEV, UCRÂNIA, 2016.

1. DE ACORDO COM AS IMAGENS, AS CRIANÇAS QUE MORAM EM OUTROS PAÍSES:

☐ VÃO À ESCOLA; ☐ BRINCAM;

☐ TRABALHAM; ☐ VÃO AO MÉDICO.

2. VOCÊ GOSTARIA DE CONHECER AS CRIANÇAS DE ALGUM DESSES PAÍSES? SE SIM, DE QUAL PAÍS?

_____

GIRAMUNDO

CUIDAR DA SAÚDE

AS VACINAS SÃO MUITO IMPORTANTES. ELAS PROTEGEM NOSSO CORPO DE DIVERSAS DOENÇAS.

APÓS A PRIMEIRA VACINA, OS RESPONSÁVEIS PELA CRIANÇA RECEBEM UMA **CARTEIRA DE VACINAÇÃO**. NESSE DOCUMENTO FICAM REGISTRADAS TODAS AS VACINAS QUE ELA TOMA.

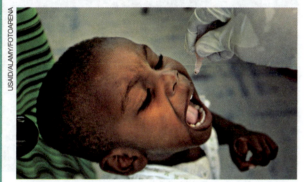
CRIANÇA TOMA VACINA.

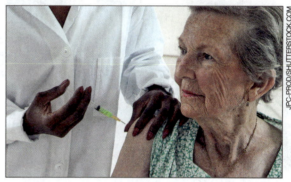
IDOSA TOMA VACINA.

1. JUNTO COM UM FAMILIAR, FAÇA UMA PESQUISA NA INTERNET E DESCUBRA AS VACINAS QUE TODAS AS CRIANÇAS DEVEM TOMAR ATÉ OS 6 ANOS.

2. COMPARE A LISTA DE VACINAS QUE VOCÊ ENCONTROU NA PESQUISA COM AS VACINAS QUE CONSTAM EM SUA CARTEIRA DE VACINAÇÃO. VOCÊ TOMOU TODAS AS VACINAS QUE DEVERIA PARA ESTAR PROTEGIDO DE DOENÇAS GRAVES?

☐ SIM. ☐ NÃO.

3. A CARTEIRA DE VACINAÇÃO É UM DOCUMENTO QUE DEVE SER GUARDADO? POR QUÊ? CONVERSE COM OS COLEGAS E O PROFESSOR.

RETOMADA

1. AS IMAGENS ABAIXO RETRATAM ALGUNS DIREITOS DA CRIANÇA. NUMERE OS QUADRINHOS DE ACORDO COM OS DIREITOS INDICADOS NA LEGENDA.

CRIANÇA ALMOÇA.

CRIANÇAS BRINCAM.

CRIANÇA DORME.

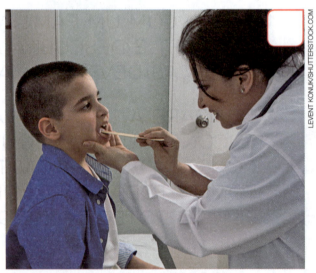

CRIANÇA EM CONSULTA MÉDICA.

1 LAZER

2 ALIMENTAÇÃO

3 MORADIA

4 SAÚDE

2. VOCÊ JÁ VIU QUE AS CRIANÇAS PODEM TER JEITOS DIFERENTES DE VIVER.

A) OBSERVE AS IMAGENS E LEIA AS LEGENDAS.

ESTE É PEDRO. ELE TEM 8 ANOS E TODOS OS DIAS COSTUMA CONVERSAR COM O PAI SOBRE O QUE ACONTECEU NA ESCOLA.

ESTE É KAUÊ. ELE TEM 6 ANOS E ADORA BRINCAR COM OS AMIGOS.

MARIANA TEM 7 ANOS E GOSTA DE PRATICAR ESPORTES COM OS COLEGAS DA ESCOLA.

B) AGORA PINTE DE **AZUL** A MOLDURA DA IMAGEM QUE MENOS REPRESENTA SEU JEITO DE VIVER.

19

PERISCÓPIO

📖 PARA LER

JOÃO, JOÃOZINHO, JOÃOZITO: O MENINO ENCANTADO, DE CLAUDIO FRAGATA. RIO DE JANEIRO: GALERA RECORD, 2016.
MISTURANDO REALIDADE E IMAGINAÇÃO, O LIVRO CONTA A HISTÓRIA DE JOÃO GUIMARÃES ROSA, UM DOS MAIORES ESCRITORES DO BRASIL.

OS DIREITOS DAS CRIANÇAS SEGUNDO RUTH ROCHA, DE RUTH ROCHA. SÃO PAULO: SALAMANDRA, 2014.
ESSE LIVRO APRESENTA A DECLARAÇÃO DOS DIREITOS DA CRIANÇA EM FORMA DE POEMA.

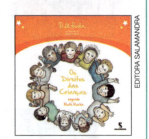

UM MUNDO DE CRIANÇAS, DE ANA BUSCH E CAIO VILELA. SÃO PAULO: PANDA BOOKS, 2007.
A OBRA MOSTRA COMO VIVEM CRIANÇAS DE DIFERENTES LUGARES DO MUNDO APRESENTANDO ALGUNS DE SEUS HÁBITOS E COSTUMES.

UNIDADE 2 — MEDINDO O TEMPO

1. LEIA A ADIVINHA E DESCUBRA A RESPOSTA.

O QUE É, O QUE É?
EU PASSO E VOCÊ NÃO VÊ.
NÃO TENHO PÉS, NÃO TENHO PATAS,
MAS CORRO, CORRO SEM PARAR...
QUEM SOU EU?

MAIS UMA PISTA:
MEU NOME TEM CINCO LETRAS.

EU SOU O T _____ _____ _____ O.

O TEMPO PASSA

VOCÊ JÁ SABE O QUE ACONTECE NO SEU TEMPO DE INFÂNCIA, NÃO É MESMO?

MAS COMO VOCÊ PERCEBE A PASSAGEM DO TEMPO NO DIA A DIA?

1. OBSERVE NAS IMAGENS FORMAS DE PERCEBER QUE O TEMPO PASSA. DEPOIS NUMERE AS CENAS NA ORDEM EM QUE VOCÊ COSTUMA FAZER AS ATIVIDADES REPRESENTADAS.

ILUSTRAÇÕES: VANESSA ALEXANDRE

22

2. PINTE DE **AZUL** O PERÍODO DO DIA EM QUE VOCÊ REALIZA SUA ATIVIDADE PREFERIDA. DEPOIS, FAÇA UM DESENHO PARA REPRESENTÁ-LA.

MANHÃ	TARDE	NOITE

3. EM SUA OPINIÃO, ORGANIZAR AS ATIVIDADES DIÁRIAS É UMA FORMA DE PERCEBER QUE O TEMPO PASSA? COMENTE A RESPOSTA COM OS COLEGAS E O PROFESSOR.

23

ANTES, ENQUANTO E DEPOIS

TAMBÉM É POSSÍVEL PERCEBER QUE O TEMPO PASSA QUANDO PENSAMOS, POR EXEMPLO, NO QUE FIZEMOS ANTES DE IRMOS À ESCOLA OU DEPOIS DO JANTAR.

TODOS OS DIAS, ANTES DE IR À ESCOLA, LUANA E O PAI ARRUMAM A LANCHEIRA DELA.

DEPOIS DO JANTAR, VÍTOR E HENRIQUE AJUDAM A MÃE RETIRANDO OS PRATOS, COPOS E TALHERES DA MESA.

1. O QUE VOCÊ COSTUMA FAZER ANTES DE IR PARA A ESCOLA?

___

___

2. E DEPOIS DE JANTAR?

___

___

> A PALAVRA **ENQUANTO** TAMBÉM NOS AJUDA A PERCEBER O TEMPO. ELA INDICA QUE FATOS ACONTECEM AO MESMO TEMPO.

3. CONVERSE COM UM ADULTO DE SUA FAMÍLIA E PERGUNTE O QUE ELE FAZ ENQUANTO VOCÊ ESTÁ NA ESCOLA.

QUANTO TEMPO DURA?

VOCÊ JÁ PERCEBEU QUE HÁ MOMENTOS EM QUE O TEMPO PARECE DEMORAR A PASSAR, E OUTROS EM QUE ELE APARENTA PASSAR RÁPIDO DEMAIS?

EMBORA EXISTA ESSA SENSAÇÃO, A PASSAGEM DO TEMPO É IGUAL PARA TODAS AS PESSOAS E EM TODAS AS SITUAÇÕES.

O TEMPO DE UMA AULA OU DE UM JOGO DE FUTEBOL É IGUAL PARA TODAS AS PESSOAS QUE PARTICIPAM DELE.

PARTIDA DE FUTEBOL FEMININO ENTRE BRASIL E SUÉCIA DURANTE OS JOGOS OLÍMPICOS. RIO DE JANEIRO, RIO DE JANEIRO, 2016.

PROFESSORA E ALUNOS EM SALA DE AULA. TAMBORIL, CEARÁ, 2013.

1. CONTE AOS COLEGAS E AO PROFESSOR UMA SITUAÇÃO EM QUE VOCÊ TEVE A SENSAÇÃO DE QUE O TEMPO DEMOROU MUITO PARA PASSAR.

2. AGORA FALE DE OUTRA SITUAÇÃO EM QUE VOCÊ TEVE A SENSAÇÃO DE QUE O TEMPO PASSOU MUITO RÁPIDO.

LEIO E COMPREENDO

O TEMPO PARA OS MUNDURUKUS

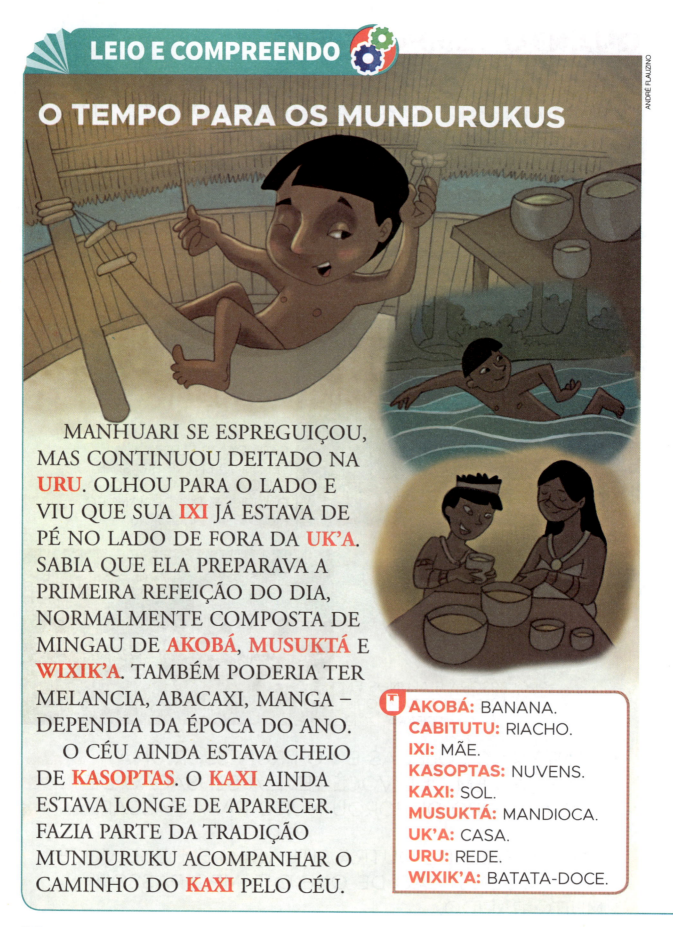

MANHUARI SE ESPREGUIÇOU, MAS CONTINUOU DEITADO NA **URU**. OLHOU PARA O LADO E VIU QUE SUA **IXI** JÁ ESTAVA DE PÉ NO LADO DE FORA DA **UK'A**. SABIA QUE ELA PREPARAVA A PRIMEIRA REFEIÇÃO DO DIA, NORMALMENTE COMPOSTA DE MINGAU DE **AKOBÁ**, **MUSUKTÁ** E **WIXIK'A**. TAMBÉM PODERIA TER MELANCIA, ABACAXI, MANGA – DEPENDIA DA ÉPOCA DO ANO.

O CÉU AINDA ESTAVA CHEIO DE **KASOPTAS**. O **KAXI** AINDA ESTAVA LONGE DE APARECER. FAZIA PARTE DA TRADIÇÃO MUNDURUKU ACOMPANHAR O CAMINHO DO **KAXI** PELO CÉU.

AKOBÁ: BANANA.
CABITUTU: RIACHO.
IXI: MÃE.
KASOPTAS: NUVENS.
KAXI: SOL.
MUSUKTÁ: MANDIOCA.
UK'A: CASA.
URU: REDE.
WIXIK'A: BATATA-DOCE.

ACORDAR MUITO CEDO, TOMAR O PRIMEIRO BANHO NO **CABITUTU** E FAZER A REFEIÇÃO MATINAL ERA UMA SEQUÊNCIA NATURAL QUE SE REPETIA TODO DIA.

DANIEL MUNDURUKU. *UM DIA NA ALDEIA: UMA HISTÓRIA MUNDURUKU*. SÃO PAULO: MELHORAMENTOS, 2012. P. 9.

1. CIRCULE NO TEXTO A FRASE QUE DESCREVE O QUE MANHUARI FAZ APÓS ACORDAR.

2. QUAIS SÃO AS ATIVIDADES QUE MANHUARI REPETE TODO DIA?

- [ ] ACORDA TARDE, VAI BRINCAR E DEPOIS FAZ A REFEIÇÃO MATINAL.

- [ ] ACORDA CEDO, TOMA O PRIMEIRO BANHO E FAZ A REFEIÇÃO MATINAL.

- [ ] ACORDA CEDO, FAZ A REFEIÇÃO MATINAL E TOMA BANHO.

3. COMO OS MUNDURUKUS PERCEBEM A PASSAGEM DO TEMPO?

_____

_____

_____

_____

4. O QUE HÁ DE PARECIDO E DE DIFERENTE ENTRE SUA ALIMENTAÇÃO MATINAL E A DE MANHUARI? CONTE AOS COLEGAS E AO PROFESSOR.

QUE HORAS SÃO?

O RELÓGIO É UM INSTRUMENTO QUE FOI INVENTADO HÁ MUITO TEMPO E É UTILIZADO POR DIVERSAS PESSOAS.

ELE SERVE PARA MEDIR A PASSAGEM DO TEMPO: MARCA AS HORAS, OS MINUTOS E OS SEGUNDOS.

VOCÊ SABIA QUE JÁ EXISTIRAM DIFERENTES MODELOS DE RELÓGIO? VAMOS CONHECER ALGUNS DELES!

RELÓGIO DE SOL.

RELÓGIO DE ÁGUA.

RELÓGIO DE AREIA.

RELÓGIO DE **PÊNDULO**.

RELÓGIO DE BOLSO.

RELÓGIO DE PULSO DIGITAL.

PÊNDULO: NESTE CASO, PEÇA DO RELÓGIO QUE AUXILIA NA MARCAÇÃO DAS HORAS.

1. DESENHE O RELÓGIO MAIS USADO EM SUA CASA.

2. NOS RELÓGIOS DIGITAIS ABAIXO, INDIQUE O HORÁRIO EM QUE VOCÊ FAZ CADA UMA DAS ATIVIDADES. SIGA O EXEMPLO.

A) HORA DE ACORDAR.

C) HORA DE IR À ESCOLA.

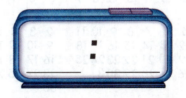

B) HORA DE ALMOÇAR.

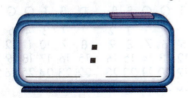

D) HORA DE DORMIR.

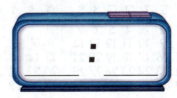

3. VOCÊ E OS COLEGAS DEVEM ENTRAR NA MESMA HORA NA SALA DE AULA. POR QUE ISSO ACONTECE?

CALENDÁRIO

O CALENDÁRIO TAMBÉM NOS AJUDA A MARCAR A PASSAGEM DO TEMPO. NELE ENCONTRAMOS OS DIAS DA SEMANA, AS SEMANAS, OS MESES E O ANO.

O ANO TEM 12 MESES, CADA UM DIVIDIDO EM 30 OU 31 DIAS. OS DIAS SÃO ORGANIZADOS EM SEMANAS E CADA SEMANA TEM SETE DIAS.

O MÊS DE FEVEREIRO É DIFERENTE DOS OUTROS. ELE TEM 28 DIAS E, DE QUATRO EM QUATRO ANOS, 29 DIAS.

2019

JANEIRO

D	S	T	Q	Q	S	S
		1	2	3	4	5
6	7	8	9	10	11	12
13	14	15	16	17	18	19
20	21	22	23	24	25	26
27	28	29	30	31		

FEVEREIRO

D	S	T	Q	Q	S	S
					1	2
3	4	5	6	7	8	9
10	11	12	13	14	15	16
17	18	19	20	21	22	23
24	25	26	27	28		

MARÇO

D	S	T	Q	Q	S	S
					1	2
3	4	5	6	7	8	9
10	11	12	13	14	15	16
17	18	19	20	21	22	23
24	25	26	27	28	29	30
31						

ABRIL

D	S	T	Q	Q	S	S
	1	2	3	4	5	6
7	8	9	10	11	12	13
14	15	16	17	18	19	20
21	22	23	24	25	26	27
28	29	30				

MAIO

D	S	T	Q	Q	S	S
			1	2	3	4
5	6	7	8	9	10	11
12	13	14	15	16	17	18
19	20	21	22	23	24	25
26	27	28	29	30	31	

JUNHO

D	S	T	Q	Q	S	S
						1
2	3	4	5	6	7	8
9	10	11	12	13	14	15
16	17	18	19	20	21	22
23	24	25	26	27	28	29
30						

JULHO

D	S	T	Q	Q	S	S
	1	2	3	4	5	6
7	8	9	10	11	12	13
14	15	16	17	18	19	20
21	22	23	24	25	26	27
28	29	30	31			

AGOSTO

D	S	T	Q	Q	S	S
				1	2	3
4	5	6	7	8	9	10
11	12	13	14	15	16	17
18	19	20	21	22	23	24
25	26	27	28	29	30	31

SETEMBRO

D	S	T	Q	Q	S	S
1	2	3	4	5	6	7
8	9	10	11	12	13	14
15	16	17	18	19	20	21
22	23	24	25	26	27	28
29	30					

OUTUBRO

D	S	T	Q	Q	S	S
		1	2	3	4	5
6	7	8	9	10	11	12
13	14	15	16	17	18	19
20	21	22	23	24	25	26
27	28	29	30	31		

NOVEMBRO

D	S	T	Q	Q	S	S
					1	2
3	4	5	6	7	8	9
10	11	12	13	14	15	16
17	18	19	20	21	22	23
24	25	26	27	28	29	30

DEZEMBRO

D	S	T	Q	Q	S	S
1	2	3	4	5	6	7
8	9	10	11	12	13	14
15	16	17	18	19	20	21
22	23	24	25	26	27	28
29	30	31				

ISTO É DOCUMENTO

CALENDÁRIO INDÍGENA

O CALENDÁRIO ABAIXO FOI CRIADO POR UM GRUPO DE PROFESSORES INDÍGENAS. ELE É UTILIZADO PELOS SUYÁS, UM DOS POVOS QUE HABITAM O PARQUE INDÍGENA DO XINGU.

NOTE QUE O CALENDÁRIO ESTÁ DIVIDIDO EM 12 MESES E EM CADA MÊS OCORRE UMA ATIVIDADE IMPORTANTE.

JANEIRO: ÉPOCA DA COLHEITA DO MILHO.
FEVEREIRO: PERÍODO DA CHEIA DOS RIOS.
MARÇO: COLHEITA DO ABACAXI.
ABRIL: PERÍODO DA PESCARIA.
MAIO: CORTE DAS ÁRVORES PARA A CONSTRUÇÃO DE CASAS E EMBARCAÇÕES.
JUNHO: TEMPO DA GAIVOTA.
JULHO: ÉPOCA EM QUE AS TARTARUGAS DE ÁGUA DOCE BOTAM SEUS OVOS.
AGOSTO: KUARUP, A FESTA DE DESPEDIDA DOS MORTOS.
SETEMBRO: PLANTIO DA MANDIOCA.
OUTUBRO: COLHEITA DO PEQUI.
NOVEMBRO: PROXIMIDADE DO VERÃO.
DEZEMBRO: COLHEITA DA MELANCIA.

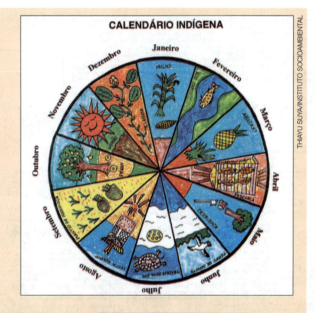

PEQUI: FRUTO DA ÁRVORE DE MESMO NOME.

FONTE: THIAYU SUYÁ. *GEOGRAFIA INDÍGENA: PARQUE INDÍGENA DO XINGU*. SÃO PAULO; BRASÍLIA: INSTITUTO SOCIOAMBIENTAL; MEC; CEF; DPEF, 1988. P. 57.

1. POR QUE APARECEM MELANCIAS NO MÊS DE DEZEMBRO?

2. POR QUE O MÊS DE FEVEREIRO É REPRESENTADO POR UM PEIXE NO RIO?

DO PASSADO PARA O PRESENTE

OUTRA MANEIRA DE PERCEBER QUE O TEMPO PASSA É LEMBRAR DOS MOMENTOS QUE VIVEMOS NO PASSADO.

AS FOTOGRAFIAS, OS DOCUMENTOS PESSOAIS, OS OBJETOS E ATÉ OS CADERNOS QUE USAMOS NO PRIMEIRO ANO SÃO REGISTROS DE NOSSO PASSADO. ELES NOS AJUDAM A RESGATAR ESSES MOMENTOS.

OBSERVE AS IMAGENS DO ÁLBUM DE VINÍCIUS.

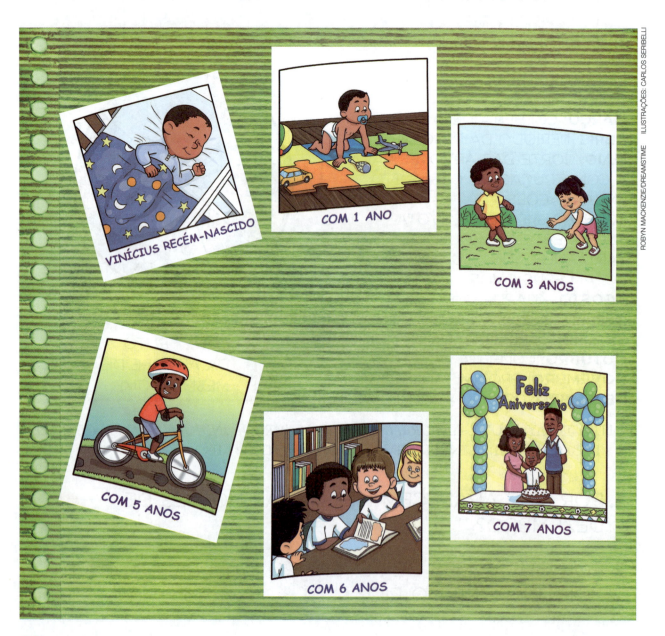

1. QUANTOS ANOS SE PASSARAM DA PRIMEIRA ATÉ A ÚLTIMA FOTOGRAFIA?

- [ ] 1
- [ ] 2
- [ ] 3
- [ ] 4
- [ ] 5
- [ ] 6
- [ ] 7
- [ ] 8
- [ ] 9
- [ ] 10

2. DE ACORDO COM AS IMAGENS, O QUE MUDOU NA VIDA DE VINÍCIUS NO DECORRER DESSE TEMPO? ASSINALE OS QUADRINHOS.

- [ ] ELE CRESCEU.
- [ ] ELE FOI PARA A ESCOLA.
- [ ] ELE APRENDEU A ANDAR DE BICICLETA.
- [ ] ELE APRENDEU A NADAR.
- [ ] ELE APRENDEU A JOGAR BOLA.

3. VOLTE À PÁGINA 9 E REVEJA OS ACONTECIMENTOS QUE VOCÊ INDICOU NA HISTÓRIA DE SUA VIDA. COM BASE NELES, QUE MUDANÇAS ACONTECERAM EM SUA VIDA?

_____

_____

_____

4. COM O AUXÍLIO DE UM FAMILIAR, ENCONTRE UM DOCUMENTO PESSOAL, UMA FOTOGRAFIA, UM CADERNO OU UM DESENHO QUE VOCÊ FEZ NO PRIMEIRO ANO. TRAGA O OBJETO PARA A SALA DE AULA. MOSTRE-O AOS COLEGAS E AO PROFESSOR E CONTE O QUE ELE REPRESENTA DE SEU PASSADO.

HORA DE COMER!

O USO DO RELÓGIO NOS AJUDA A ORGANIZAR AS REFEIÇÕES DIÁRIAS, COMO CAFÉ DA MANHÃ, ALMOÇO E JANTAR.

O CAFÉ DA MANHÃ REPÕE A ENERGIA GASTA DURANTE A NOITE; O ALMOÇO, AQUELA QUE GASTAMOS NO PERÍODO DA MANHÃ; JÁ O JANTAR REPÕE A ENERGIA USADA DURANTE A TARDE.

TOMAR CAFÉ DA MANHÃ, ALMOÇAR E JANTAR SÃO HÁBITOS ALIMENTARES IMPORTANTES QUE AJUDAM VOCÊ A TER ENERGIA DURANTE O DIA. DIVERSOS ALIMENTOS PODEM SER CONSUMIDOS NAS REFEIÇÕES.

1. CIRCULE O NOME DOS ALIMENTOS QUE VOCÊ COSTUMA CONSUMIR DURANTE O CAFÉ DA MANHÃ.

CARNE LEITE SOJA

PÃO MANTEIGA BOLO

CAFÉ CHÁ VERDURA

MANDIOCA FRUTA QUEIJO

TAPIOCA MINGAU CUSCUZ

MILHO FEIJÃO MACARRÃO

2. QUAIS ALIMENTOS VOCÊ GOSTA DE CONSUMIR NA HORA DO ALMOÇO?

_____ _____

_____ _____

_____ _____

3. QUAIS ALIMENTOS VOCÊ COSTUMA CONSUMIR NA HORA DO JANTAR?

_____ _____

_____ _____

_____ _____

RETOMADA

1. LEIA AS PALAVRAS A SEGUIR E CIRCULE APENAS AS INFORMAÇÕES ENCONTRADAS EM UM CALENDÁRIO.

| MÊS | NOITE | MINUTOS | DIA |
| ANO | TARDE | SEMANA | HORA |

2. NO CALENDÁRIO A SEGUIR, ESCREVA O ANO E O MÊS EM QUE VOCÊ NASCEU E PINTE O DIA DE SEU ANIVERSÁRIO.

ANO	
MÊS	

	1	2	3	4	5	6
7	8	9	10	11	12	13
14	15	16	17	18	19	20
21	22	23	24	25	26	27
28	29	30	31			

3. CONSULTE O CALENDÁRIO DA PÁGINA 30 E ESCREVA O NOME DO MÊS QUE:

A) VEM ANTES DO MÊS DE SEU NASCIMENTO;

_____

B) VEM DEPOIS DO MÊS DE SEU NASCIMENTO.

_____

4. OBSERVE AS IMAGENS.

ACADEMIA DE BELAS ARTES, ATUAL MUSEU NACIONAL, EM 1910 (À ESQUERDA). O MESMO MUSEU RETRATADO EM 2016 (À DIREITA), RIO DE JANEIRO, RIO DE JANEIRO.

PERCEBA QUE AS MUDANÇAS ACONTECERAM NÃO SÓ PORQUE O TEMPO PASSOU MAS TAMBÉM POR CAUSA DA INTERFERÊNCIA DOS SERES HUMANOS NA PAISAGEM.

A) QUAL FOTOGRAFIA RETRATA O TEMPO PASSADO?

☐ FOTOGRAFIA 1.   ☐ FOTOGRAFIA 2.

B) INDIQUE OS ELEMENTOS DA IMAGEM QUE RETRATAM O PASSADO.

_____

_____

C) QUANTOS ANOS SE PASSARAM ENTRE A DATA DA PRIMEIRA E A DA SEGUNDA FOTOGRAFIA?

_____

D) O QUE MUDOU NO LOCAL DO PASSADO PARA O PRESENTE?

PERISCÓPIO

📖 PARA LER

UM LONGO DIA, DE PILAR RAMOS. SÃO PAULO: EDITORA DO BRASIL, 2008. O LIVRO CONTA A HISTÓRIA DE UMA FAMÍLIA QUE SAI PARA UM PASSEIO CHEIO DE CURIOSIDADES. CADA PARTE DO DIA TRANSMITE ENSINAMENTOS DE COMO ELE FUNCIONA – DESDE O NASCER DO SOL ATÉ A HORA DE DORMIR.

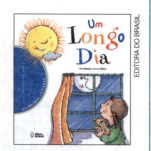

▶ PARA ASSISTIR

TURMA DA MÔNICA: UMA AVENTURA NO TEMPO, DIREÇÃO DE MAURICIO DE SOUSA, RODRIGO GAVA, CLEWERSON SAREMBA E ANDRÉ PASSOS, 2007.
FRANJINHA MONTA UMA MÁQUINA DO TEMPO, MAS, PARA FAZÊ-LA FUNCIONAR, PRECISA JUNTAR OS QUATRO ELEMENTOS DA NATUREZA: A ÁGUA, O FOGO, A TERRA E O AR. PORÉM, ACONTECE UM ACIDENTE: A MÁQUINA DO TEMPO É ACIONADA E O TEMPO COMEÇA A FICAR DEVAGAR.

UNIDADE 3
A HISTÓRIA E OS DOCUMENTOS

1. RECORTE AS IMAGENS DA PÁGINA 143 PARA COMPLETAR OS QUEBRA-CABEÇAS A SEGUIR.

2. ASSINALE A LETRA QUE INDICA O QUEBRA-CABEÇA RELACIONADO COM UMA DAS PALAVRAS DO TÍTULO DESTA UNIDADE.

 A B C

39

A HISTÓRIA

VOCÊ JÁ SABE QUE OS DOCUMENTOS PESSOAIS CONTÊM INFORMAÇÕES IMPORTANTES DA HISTÓRIA DE CADA PESSOA, NÃO É MESMO?

SABE TAMBÉM QUE HISTÓRIA É UMA DAS DISCIPLINAS QUE VOCÊ ESTUDA NO 2º ANO.

MAS O QUE É HISTÓRIA? O QUE ELA ESTUDA? OBSERVE AS IMAGENS.

CARTAZ DE CAMPANHA POR **BIOMETRIA**, 2017.

FESTEJOS NO RIO DE JANEIRO PARA COMEMORAR A ABOLIÇÃO DA ESCRAVIDÃO, 1888.

PIERRE VAN EMELEN. *CENA NO PORTO DE SANTOS*, 1826. ÓLEO SOBRE TELA.

NOTÍCIA DE 2015 SOBRE AS CONSEQUÊNCIAS DO TERREMOTO OCORRIDO NO HAITI EM 2010.

ESSAS IMAGENS NOS DÃO PISTAS DO QUE A HISTÓRIA ESTUDA. ELAS RETRATAM ACONTECIMENTOS DE ALGUMAS SOCIEDADES NO PRESENTE E NO PASSADO. ASSIM, É POSSÍVEL AFIRMAR QUE A HISTÓRIA É UMA CIÊNCIA QUE ESTUDA O MODO DE VIDA DAS SOCIEDADES EM DIFERENTES TEMPOS.

> **BIOMETRIA:** IDENTIFICAÇÃO DA IMPRESSÃO DIGITAL DE UMA PESSOA.

1. QUAIS SÃO AS IMAGENS QUE RETRATAM ACONTECIMENTOS DO PASSADO MAIS DISTANTE?

☐ 1   ☐ 2   ☐ 3   ☐ 4

2. QUAIS SÃO AS IMAGENS QUE RETRATAM ACONTECIMENTOS MAIS PRÓXIMOS DO PRESENTE?

☐ 1   ☐ 2   ☐ 3   ☐ 4

3. PODEMOS AFIRMAR QUE A HISTÓRIA ESTUDA:

☐ SOMENTE OS ACONTECIMENTOS DE ALGUMAS SOCIEDADES NO PASSADO.

☐ OS ACONTECIMENTOS DE SOCIEDADES NO PRESENTE.

☐ O MODO DE VIDA DAS SOCIEDADES EM DIFERENTES TEMPOS.

4. COM OS COLEGAS E A AJUDA DO PROFESSOR, PESQUISE EM JORNAIS, REVISTAS E NA INTERNET A IMPORTÂNCIA DA BIOMETRIA ELEITORAL PARA TODOS OS BRASILEIROS.

O HISTORIADOR E OS DOCUMENTOS

HISTORIADOR É O PROFISSIONAL QUE PESQUISA INFORMAÇÕES SOBRE O MODO DE VIDA DAS SOCIEDADES EM DIFERENTES TEMPOS.

VOCÊ SABE ONDE O HISTORIADOR BUSCA ESSAS INFORMAÇÕES? ELE PESQUISA EM DOCUMENTOS DIVERSOS, QUE SÃO CHAMADOS DE FONTES HISTÓRICAS.

OBSERVE NAS IMAGENS ALGUNS DESSES DOCUMENTOS.

PRIMEIRA PÁGINA DA *GAZETA DO RIO DE JANEIRO*, PRIMEIRO JORNAL IMPRESSO NO BRASIL, 1808.

PRIMEIRA PÁGINA DA CONSTITUIÇÃO BRASILEIRA, 1824.

CAPA DA *REVISTA ILLUSTRADA*, 1880.

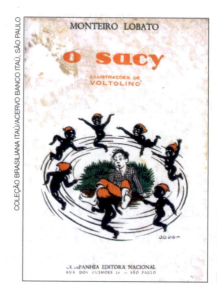

CAPA DO LIVRO *O SACY*, ESCRITO POR MONTEIRO LOBATO, 1921.

FONTES HISTÓRICAS

TODOS OS DOCUMENTOS QUE O HISTORIADOR USA PARA ANALISAR E OBTER INFORMAÇÕES SOBRE O PASSADO SÃO FONTES HISTÓRICAS.

HÁ DIVERSAS FONTES HISTÓRICAS. CABE AO HISTORIADOR SELECIONAR AS QUE ELE PRETENDE ANALISAR, DE ACORDO COM O ASSUNTO QUE DESEJA ESTUDAR.

NO PASSADO, OS HISTORIADORES UTILIZAVAM MAIS OS DOCUMENTOS ESCRITOS. ATUALMENTE, TUDO QUE FOI PRODUZIDO PELAS SOCIEDADES EM DIFERENTES TEMPOS É CONSIDERADO FONTE HISTÓRICA.

PINTURA RUPESTRE FEITA HÁ MAIS DE 5 MIL ANOS. SÍTIO ARQUEOLÓGICO DE VÃO GRANDE, PALMAS, TOCANTINS.

TEMPLO DE KUKULCÁN, CONSTRUÍDO HÁ MAIS DE 900 ANOS. YUCATÃ, MÉXICO.

FESTEJO INDÍGENA DO POVO WAURÁ. GAÚCHA DO NORTE, MATO GROSSO, 2016.

DETALHE DE XILOGRAVURA FEITA POR GIACOMO GASTALDI. *BRASIL*, 1550.

AS FOTOGRAFIAS E AS PINTURAS

ASSIM COMO OS JORNAIS, REVISTAS E LIVROS, AS FOTOGRAFIAS, PINTURAS E GRAVURAS TAMBÉM SÃO FONTES HISTÓRICAS.

ELAS NOS AJUDAM A IDENTIFICAR, ANALISAR E COMPREENDER, POR EXEMPLO, O MODO DE VIDA DAS FAMÍLIAS NO PRESENTE E NO PASSADO.

OBSERVE AS IMAGENS E IDENTIFIQUE OS MODOS DE VIDA DAS FAMÍLIAS EM TEMPOS DIFERENTES.

GRAVURA DE JEAN-BAPTISTE DEBRET. *EMPREGADO DO GOVERNO SAINDO PARA PASSEAR*, CERCA DE 1835.

FOTOGRAFIA DE FAMÍLIA REUNIDA, CERCA DE 1920.

FOTOGRAFIA DE FAMÍLIA REUNIDA LIMPANDO A CASA, 2016.

FOTOGRAFIA DE MÃE AJUDANDO OS FILHOS A FAZER LIÇÃO DE CASA, 2017.

1. PINTE OS QUADRINHOS COM AS INFORMAÇÕES CORRETAS.

☐ NAS IMAGENS 1 E 2, TODOS OS MEMBROS DA FAMÍLIA SÃO RETRATADOS DA MESMA MANEIRA.

☐ NA IMAGEM 1, O PAI ESTÁ NA FRENTE DE TODOS OS OUTROS MEMBROS DA FAMÍLIA.

☐ NA IMAGEM 2, O PAI É O ÚNICO QUE ESTÁ SENTADO, ENQUANTO OS FILHOS E A MÃE ESTÃO EM PÉ.

☐ NA IMAGEM 3, PAI E MÃE FAZEM, JUNTOS, UMA ATIVIDADE EM CASA.

☐ NA IMAGEM 4, A MÃE AJUDA OS FILHOS A FAZER A LIÇÃO DE CASA.

2. DE ACORDO COM AS IMAGENS 1 E 2, É POSSÍVEL AFIRMAR QUE NO PASSADO O PAI TINHA UM PAPEL DE DESTAQUE DIANTE DOS OUTROS MEMBROS?

☐ SIM. ☐ NÃO.

3. COM QUAL DAS FAMÍLIAS RETRATADAS NAS IMAGENS SUA FAMÍLIA SE PARECE MAIS? POR QUÊ?

_____

_____

_____

_____

OBJETOS SÃO FONTES HISTÓRICAS

OS MÓVEIS E OUTROS OBJETOS TAMBÉM SÃO FONTES HISTÓRICAS. ELES REVELAM INFORMAÇÕES SOBRE A MANEIRA DE VIVER DAS PESSOAS.

HÁ MUITO TEMPO AS PESSOAS UTILIZAM OBJETOS PARA, POR EXEMPLO, OUVIR MÚSICA. NO ENTANTO, OS OBJETOS ATUAIS SÃO DIFERENTES DOS ANTIGOS. OBSERVE AS IMAGENS.

GRAMOFONE.

TOCA-DISCOS.

APARELHO DE SOM.

CD *PLAYER*.

MP3 *PLAYER*.

TELEFONE CELULAR.

1. AS IMAGENS RETRATAM OBJETOS DA MESMA ÉPOCA? JUSTIFIQUE SUA RESPOSTA.

_____

_____

_____

2. COMPLETE O QUADRO COM O NOME DOS OBJETOS, RETRATADOS NA PÁGINA ANTERIOR QUE SOMENTE PODEM SER UTILIZADOS EM CASA E O NOME DOS QUE PODEM SER USADOS EM QUALQUER LUGAR (PORTÁTEIS).

EM CASA	PORTÁTIL
_____	_____
_____	_____
_____	_____

3. O QUE MUDOU ENTRE A FORMA DE AS PESSOAS OUVIREM MÚSICA NO PASSADO E NOS DIAS DE HOJE?

_____

_____

4. CIRCULE COM SUA COR PREFERIDA AS IMAGENS QUE RETRATAM OS OBJETOS QUE VOCÊ USA PARA OUVIR MÚSICA.

DE GERAÇÃO A GERAÇÃO

OUTRA FORMA DE PESQUISAR A HISTÓRIA É POR MEIO DA TRADIÇÃO ORAL.

> TRADIÇÃO ORAL É A CULTURA OU O CONHECIMENTO TRANSMITIDO ORALMENTE DE UMA GERAÇÃO PARA OUTRA.

AS PESSOAS MAIS VELHAS TÊM MAIS EXPERIÊNCIA, POR ISSO ELAS PODEM NOS ENSINAR MUITAS COISAS, INCLUINDO AS BRINCADEIRAS. MUITAS BRINCADEIRAS DO PASSADO FORAM TRANSMITIDAS POR MEIO DA TRADIÇÃO ORAL.

MENINAS BRINCAM DE **AMARELINHA**, UMA DAS BRINCADEIRAS ANTIGAS PRATICADAS PELAS CRIANÇAS.

MENINOS BRINCAM DE **BOLINHA DE GUDE**. O JOGO FAZ PARTE DA INFÂNCIA HÁ MUITO TEMPO.

1. VOCÊ JÁ BRINCOU DE **AMARELINHA** OU JOGOU **BOLINHA DE GUDE**? SE SIM, QUEM O ENSINOU?

2. CONVERSE COM UM ADULTO DE SUA FAMÍLIA E DESCUBRA:
   A) O QUE AS PESSOAS MAIS VELHAS DA FAMÍLIA ENSINARAM A ELE?
   B) O QUE ELE MAIS GOSTOU DE APRENDER COM AS PESSOAS MAIS VELHAS DA FAMÍLIA?

   COMPARTILHE SUA DESCOBERTA COM OS COLEGAS E O PROFESSOR.

LEIO E COMPREENDO

O FAZ DE CONTA

UMA BRINCADEIRA MUITO CONHECIDA PELA TRADIÇÃO ORAL É O **FAZ DE CONTA**. NELA USAMOS A IMAGINAÇÃO PARA CRIAR MUNDOS INCRÍVEIS.

LILI VIVE NO MUNDO DO FAZ DE CONTA... FAZ DE CONTA QUE ISTO É UM AVIÃO. ZZZZZUUU... DEPOIS ATERRISSOU EM UM PIQUE E VIROU UM TREM. TUC TUC TUC TUC... ENTROU PELO TÚNEL, CHISPANDO. MAS DEBAIXO DA MESA HAVIA BANDIDOS. PUM! PUM! PUM! O TREM DESCARRILOU. E O MOCINHO? ONDE É QUE ESTÁ O MOCINHO? MEU DEUS! ONDE É QUE ESTÁ O MOCINHO?! NO AUGE DA CONFUSÃO, LEVARAM LILI PARA CAMA, À FORÇA. E O TREM FICOU TRISTEMENTE DERRUBADO NO CHÃO, FAZENDO DE CONTA QUE ERA MESMO UMA LATA DE SARDINHA.

ANDRÉ FLAUZINO

CHISPAR: SAIR DEPRESSA.
PIQUE: GRANDE MOVIMENTO, AGITAÇÃO.

MÁRIO QUINTANA. MENTIRAS. IN: *LILI INVENTA O MUNDO*. 9. ED. SÃO PAULO: GLOBAL, 2005. P. 10. © BY ELENA QUINTANA

1. LILI ESTAVA BRINCANDO:

    ☐ COM ALGUÉM.   ☐ SOZINHA.

2. CIRCULE NO TEXTO O OBJETO QUE LILI UTILIZOU PARA BRINCAR DE **FAZ DE CONTA**.

MAPAS TAMBÉM TÊM HISTÓRIA

MAPAS SÃO REPRESENTAÇÕES DE DETERMINADO ESPAÇO.

AO LONGO DO TEMPO, ELES FORAM PRODUZIDOS DE DIFERENTES FORMAS. ISSO PORQUE REPRESENTAVAM A VISÃO DE ESPAÇO QUE DIFERENTES SOCIEDADES TINHAM DO LUGAR E DA ÉPOCA EM QUE VIVIAM. POR ESSA RAZÃO, OS MAPAS TAMBÉM SÃO FONTES HISTÓRICAS.

O MAPA AO LADO CHAMA-SE *TERRA BRASILIS*. ELE FOI FEITO EM 1519.

OBSERVE QUE DO LADO ESQUERDO DO MAPA, EM LUGARES QUE OS PORTUGUESES AINDA NÃO CONHECIAM, FORAM DESENHADAS DIVERSAS PAISAGENS E CENAS DA VIDA DOS POVOS INDÍGENAS.

TERRA BRASILIS, MAPA MANUSCRITO SOBRE PERGAMINHO, ATRIBUÍDO A LOPO HOMEM, PEDRO REINEL E JORGE REINEL, PUBLICADO NO *ATLAS MILLER*, EM 1519.

1. REÚNA-SE COM DOIS COLEGAS E RESPONDAM:

A) O QUE VOCÊS VEEM NO MAPA?

_____

_____

B) O QUE AS PESSOAS RETRATADAS ESTÃO FAZENDO?

_____

_____

2. AGORA VOCÊS SERÃO APRENDIZES DE HISTORIADOR. OBSERVE NOVAMENTE O MAPA *TERRA BRASILIS*. DESENHE NO ESPAÇO A SEGUIR OS ELEMENTOS DA NATUREZA REPRESENTADOS NELE QUE CONTÊM INFORMAÇÕES SOBRE COMO ERA O BRASIL NA VISÃO DOS PORTUGUESES.

RETOMADA

1. OBSERVE AS CENAS A SEGUIR E FAÇA O QUE SE PEDE.

FAMÍLIA NA PRAIA, 1925.

FAMÍLIA NA PRAIA, 2015.

A) QUAL DAS DUAS CENAS RETRATA O PASSADO?

☐ NÚMERO 1.   ☐ NÚMERO 2.

B) COMPLETE A TABELA COM AS PALAVRAS E EXPRESSÕES DO QUADRO.

PRESENTE	PASSADO
TRAJES DE BANHO ANTIGOS	CADEIRA DE MADEIRA
	BARRACA DE LONA
HOMEM SEM CAMISETA	GUARDA-SOL
CESTA DE PRAIA	TOALHA

	CENA 1	CENA 2
TEMPO		
ELEMENTOS QUE SERVEM DE PISTA PARA SABER QUAL É O TEMPO DA CENA		

52

2. CONVERSE COM UM FAMILIAR E DESCUBRA SE ALGUM LUGAR DE LAZER QUE ELE FREQUENTAVA QUANDO ERA CRIANÇA EXISTE AINDA HOJE. REGISTRE AS MUDANÇAS E AS PERMANÊNCIAS QUE ELE RELATAR SOBRE ESSE LUGAR.

_____

_____

_____

_____

3. VAMOS BRINCAR DE **O QUE É, O QUE É?**. CONVERSE COM OS COLEGAS E O PROFESSOR E DESCUBRA A RESPOSTA.

> É UMA FONTE HISTÓRICA ESCRITA, QUASE SEMPRE PUBLICADA DIARIAMENTE E CONTÉM NOTÍCIAS, FOTOGRAFIAS E DICAS DE LAZER.

> É UMA FONTE HISTÓRICA PASSADA DE GERAÇÃO A GERAÇÃO. SÃO HISTÓRIAS SOBRE VÁRIOS ACONTECIMENTOS CONTADAS PELAS PESSOAS MAIS VELHAS ÀS MAIS NOVAS.

> É UMA FONTE HISTÓRICA QUE REPRESENTA DETERMINADA ÁREA DO ESPAÇO. COM ELA PODEMOS NOS ORIENTAR OU LOCALIZAR DIFERENTES LUGARES. PODE SER ATUAL OU ANTIGA.

PERISCÓPIO

📖 PARA LER

ARTE PARA CRIANÇAS, DE DORLING KINDERSLEY. SÃO PAULO: PUBLIFOLHINHA, 2012.
CONHEÇA OBRAS DE ARTE E DIVERSOS ARTISTAS QUE MARCARAM A HISTÓRIA, ALÉM DE IMPORTANTES INFORMAÇÕES SOBRE A SOCIEDADE E A CULTURA DE DETERMINADA ÉPOCA, E AS TÉCNICAS USADAS PARA FAZER AS OBRAS.

FOLCLORICES DE BRINCAR, DE MÉRCIA LEITÃO E NEIDE DUARTE. SÃO PAULO: EDITORA DO BRASIL, 2009.
BRINCADEIRAS QUE FIZERAM PARTE DA INFÂNCIA DE MUITA GENTE: AMARELINHA, PIÃO, PULAR CORDA E TANTAS OUTRAS DIVERSÕES.

▶ PARA ASSISTIR

TURMA DA MÔNICA ESPECIAL – JOGOS E BRINCADEIRAS, DIREÇÃO DE MAURICIO DE SOUSA E JOSÉ MÁRCIO NICOLOSI, 2016.
ESSA ANIMAÇÃO MOSTRA A TURMA DA MÔNICA DIVERTINDO-SE E BRINCANDO DE ESCONDE-ESCONDE, CABRA-CEGA E ATÉ JOGO DE PALITOS.

UNIDADE 4
As famílias e o tempo

Várias famílias estão divertindo-se na roda-gigante.

1. Sua família se parece com alguma destas?

2. Desenhe sua família e você no banco vazio da roda-gigante.

🔶 Minha família em outros tempos

O que você sabe sobre as pessoas de sua família que viveram no passado? Como eram os avós de seus pais ou dos adultos que moram com você? Será que sua família era numerosa?

Uma das maneiras de descobrir como eram as famílias do passado é observar fotografias e objetos que pertenceram às pessoas que faziam parte delas.

Observe as imagens.

Fotografia da família Reis dos Santos. Rio de Janeiro, Rio de Janeiro, 1956.

Fotografia de sala da casa da família Felipe. São José dos Campos, São Paulo, 1950.

As fotografias, os móveis e outros objetos são exemplos de documentos que nos ajudam a descobrir de que modo as famílias viviam no passado.

Há outras formas de obter mais informações sobre o passado de sua família.

Observe as imagens.

Pai ensina o filho a temperar salada.

Família almoça reunida.

O ato de consumir certos alimentos e a forma de prepará-los muitas vezes foram ensinados por nossos **antepassados**. Nossos hábitos também podem trazer informações sobre o passado de nossa família.

> **Antepassado:** pessoa da família que viveu há muito tempo, geralmente em um período anterior ao dos avós.

1. Utilize as perguntas a seguir para fazer uma pesquisa com adultos de sua família a fim de conhecer um pouco mais do passado dela e descobrir alguns aspectos que se mantêm até hoje.

   - Nossa família no passado era muito numerosa?
   - Em nossa moradia há fotografias de seus avós?
   - Em nossa moradia há objetos ou móveis que eram utilizados quando você era criança e continuam em uso até hoje? Ou estão guardados? Quais?
   - Entre os alimentos que consumimos há pratos que nossos antepassados também preparavam? Quais?

   Registre as respostas no caderno e apresente-as aos colegas e ao professor.

Outras famílias, há muito tempo

A família retratada na imagem a seguir viveu em uma época em que não existiam aparelhos eletrônicos e as crianças costumavam brincar no quintal da casa ou na rua.

Almeida Júnior. *Cena de família de Adolfo Augusto Pinto*, 1891. Óleo sobre tela, 1,06 m × 1,37 m.

Antigamente as famílias eram mais numerosas. Alguns casais tinham mais de dez filhos. Geralmente os irmãos mais velhos cuidavam dos mais novos e, em muitas famílias, o pai era considerado o chefe.

Observe novamente a imagem para responder às questões.

1. A família retratada é composta de:

   a) quantos adultos? ☐

   b) quantas crianças? ☐

2. Assinale as respostas corretas.

a) O que as crianças sentadas no chão estão fazendo?

☐ Brincando com carrinho.

☐ Jogando bola.

☐ Cuidando do irmão mais novo.

b) O que o pai está fazendo?

☐ Conversando com a família.

☐ Lendo.

c) O que a mãe está fazendo?

☐ Lendo.

☐ Ensinando a filha a costurar.

3. Escreva o nome de dois objetos que estão retratados na sala em que a família está reunida.

_____

_____

4. Preencha o quadro com as semelhanças e diferenças entre a família retratada e sua família.

Semelhanças	Diferenças

Os objetos que contam a história da família

As famílias utilizam em seu dia a dia diversos móveis, objetos, utensílios domésticos etc.

Muitos deles permanecem na família por muito tempo, são utilizados por várias gerações e acabam fazendo parte da história do grupo familiar.

Outros móveis, objetos e utensílios, como os aparelhos de televisão, por exemplo, são substituídos por equipamentos mais novos, com melhor qualidade de imagem e som, entre outros recursos.

Observe as imagens e identifique alguns exemplos desses equipamentos que podem permanecer por muito tempo em uma família ou ser substituídos por outros mais novos.

Televisão, 1995.

Relógio cuco, 1798.

Móvel de cozinha, 1890.

Computador, 1980.

1. Faça uma pesquisa com seus familiares para responder às questões a seguir.

a) Há na família algum móvel, objeto ou utensílio doméstico que foi utilizado por seus antepassados?

☐ Sim.   ☐ Não.

b) Se sim, qual?

_____

c) Ele continua sendo utilizado? Por que ele foi guardado?

_____

_____

d) Há alguns que foram utilizados durante um tempo e substituídos por outros mais novos? Cite um deles.

_____

e) Por que seus familiares fizeram a troca?

_____

_____

2. Agora converse com os colegas e apresente os resultados de sua pesquisa. Depois ouça os resultados das pesquisas deles.

3. Você tem algum objeto guardado ou em uso desde seu nascimento? Se sim, qual?

_____

4. Por que esse objeto é importante para sua história?

_____

Isto é documento

Relatos familiares

Família ouve histórias contadas pelo avô.

Relato: informação verbal sobre um acontecimento.

Você já sabe que a tradição oral é uma fonte histórica.

Nas famílias, a memória das pessoas mais velhas é uma forma de as pessoas mais novas conhecerem, por meio de **relatos**, os costumes, as tradições, as histórias e a origem da família.

1. Qual é a pessoa mais velha de sua família? Quantos anos ela tem?

2. Agora converse com essa pessoa e descubra:
   a) O que ela sabe da origem da família? De onde vieram e como chegaram à cidade onde a família mora hoje?
   b) Que tipo de música eles gostavam e costumavam ouvir?
   c) Ouvir esse tipo de música faz parte dos hábitos da família até hoje?

3. Converse com os colegas e o professor sobre a importância de respeitar e valorizar a história das pessoas mais velhas.

Giramundo

Famílias brasileiras

Muitas famílias brasileiras já foram representadas em obras de arte por diferentes artistas.

Observe a imagem.

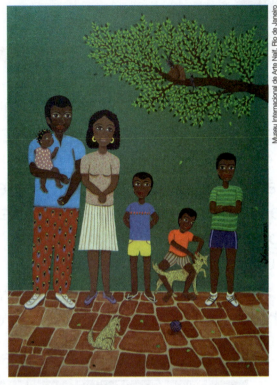

Luciana Mariano. *Pose para a foto*, 2011. Acrílico sobre tela, 50 cm × 70 cm.

1. Qual é o nome da artista que pintou a tela?
   _____

2. Qual é o nome da obra e em que ano foi pintada?
   _____
   _____

3. Quantas pessoas formam essa família?
   _____

4. Em uma folha de papel avulso, desenhe sua família. Procure representar todas as pessoas que moram com você. Depois compartilhe o desenho com os colegas e o professor.

Construir um mundo melhor

◤ Os direitos dos idosos

Em muitas famílias é comum haver pessoas **idosas**.

Muitos idosos já trabalharam bastante, e outros continuam a trabalhar. Também há aqueles que ocupam o tempo fazendo diferentes atividades. Seja qual for o tipo de vida do idoso, é importante que ele seja respeitado.

> **Idoso:** pessoa com mais de 60 anos de idade.

Os idosos têm direitos garantidos em um documento chamado Estatuto do Idoso. Conheça alguns desses direitos.

- Atendimento preferencial

Idosa em caixa preferencial.

- Alimentação

Idosos alimentando-se.

- Saúde

Idosa recebe atendimento médico.

- Moradia digna

Idosos almoçam com neto.

- Educação, cultura e lazer
- Gratuidade no transporte público urbano

Idosa em atividade física na piscina.

Idoso entra em ônibus.

1. Reúna-se com dois colegas e, juntos, observem a imagem a seguir e façam o que se pede.

a) Identifiquem o que há de errado nela.
b) Em uma folha avulsa, façam um desenho corrigindo o erro identificado.
c) Finalizem o desenho escrevendo uma frase com um aviso para que esse erro não seja mais cometido.

65

Retomada

1. Escreva a letra **V** nas frases verdadeiras e a letra **F** nas frases falsas.

    ☐ Todas as famílias são iguais.

    ☐ Existem famílias com muitas pessoas e outras com poucas pessoas.

    ☐ As famílias não costumam conviver.

    ☐ As famílias do passado são iguais às do presente.

    ☐ As pessoas mais velhas de uma família podem transmitir conhecimentos.

2. Escreva uma legenda para cada imagem, de acordo com a família retratada.

3. Leia o texto e faça o que se pede.

As crianças indígenas, por exemplo, aprendem muita coisa com seus pais e parentes mais próximos, como os irmãos e os avós [...].

É principalmente na relação com seus parentes que as crianças aprendem. Caminham junto com eles, observam atentamente aquilo que os mais velhos estão fazendo ou dizendo; acompanham seus pais até a roça; vão pescar com os adultos e brincam muito! Cada brincadeira é um jeito de aprender uma habilidade que será importante no futuro, como saber caçar, pescar, fazer pinturas no corpo, fabricar arcos e flechas, potes, cestos [...].

Na convivência com os mais velhos, aprende-se o jeito certo de se comportar e de se relacionar com todos da família e do grupo [...].

Jeitos de aprender. *Mirim – povos indígenas no Brasil.* Disponível em: <https://mirim.org/como-vivem/aprender>. Acesso em: 23 abr. 2018.

a) Marque a afirmativa correta.

☐ As crianças dos povos indígenas aprendem na relação com os parentes.

☐ As crianças dos povos indígenas aprendem somente na escola.

☐ As crianças dos povos indígenas aprendem somente na roça.

b) Grife no texto a maneira pela qual as crianças indígenas aprendem com os familiares.

c) O que você aprende com seus familiares que as crianças indígenas também aprendem?

Periscópio

📖 Para ler

Minha família é colorida, de Georgina Martins. São Paulo: Edições SM, 2015.
O livro conta a história de uma família composta de pessoas que são fisicamente diferentes. Por meio dos questionamentos de Ângelo, o protagonista, percebemos que somos feitos da mistura de etnias, hábitos e tradições.

Juntos na aldeia, de Luís Donisete Benzi Rupioni. São Paulo: Berlendis & Vertecchia Editores, 2006.
O livro conta a história de quatro povos indígenas da Amazônia com diferentes hábitos e modos de vida.

▶ Para assistir

Meu malvado favorito 2, direção de Chris Renaud e Pierre Coffin, 2013.
Conheça a relação inusitada e carinhosa de uma família formada por um homem e suas três filhas adotivas e como a chegada de uma nova pessoa pode deixar tudo ainda mais interessante.

Valente, direção de Mark Andrews e Brenda Chapman, 2012.
Disposta a mudar o próprio destino, a princesa Merida enfrenta a mãe, causando graves consequências ao reino e à sua família. Ela precisa resolver os problemas antes que eles afetem para sempre a relação entre ela e a mãe.

UNIDADE 5
Onde as famílias moram

O que será que as crianças estão observando?

Siga as dicas abaixo para descobrir a resposta.

* Protege as pessoas do frio, do calor e da chuva.
* Podem ter escadas e elevadores.

1. Preencha os espaços com as vogais corretas.

m ____ r ____ d ____ a

Há muito tempo...

Há muito tempo, as pessoas procuravam lugares seguros para se proteger do frio, do sol e de animais perigosos.

Elas perceberam que cavernas e grutas podiam servir de abrigo. Vamos conhecer uma delas?

Caverna de Lascaux. Montignac, França. Nas paredes da caverna há pinturas do cotidiano, além da representação de diversos animais. As pinturas têm aproximadamente 18 mil anos.

1. Os animais pintados na parede da caverna se parecem com algum que você conhece?

    ☐ Sim.   ☐ Não.

2. Escreva o nome de um animal que você tenha reconhecido.

___

Isto é documento

Pinturas rupestres

Os desenhos encontrados nas paredes de grutas e cavernas, criados em um passado muito distante de nós, despertaram o interesse de vários pesquisadores.

Esses desenhos são chamados de pinturas rupestres.

Eles retratam o cotidiano dos habitantes do local, as pessoas da família, o céu, os animais.

1. Observe a imagem e leia a legenda.

Pinturas rupestres no Parque Nacional da Serra da Capivara. São Raimundo Nonato, Piauí. O parque tem uma grande quantidade de pinturas rupestres, muitas delas com mais de 29 mil anos.

a) O que foi retratado na pintura?

_____

_____

b) Onde essa pintura foi encontrada?

_____

_____

_____

Construindo moradias

Há mais de 10 mil anos, os seres humanos construíam abrigos com pedras, galhos de árvores e peles de animais.

Com o tempo, passaram a usar outros tipos de materiais na construção das moradias, como barro, tijolo, madeira e palha.

As construções, mais do que simples abrigos, tornaram-se um lugar para morar e fazer muitas atividades.

Reconstituição de um abrigo que teria existido há mais de 13 mil anos, coberto com pele de animais.

Moradias construídas com pedras, tijolos e madeira há mais de 600 anos. Pérouges, França.

1. Assinale as afirmativas corretas.

   ☐ Há mais de 10 mil anos, os abrigos eram construídos com pedras, galhos de árvores e peles de animais.

   ☐ Barro, tijolo, madeira e palha nunca foram usados para a construção de moradias.

   ☐ O material usado na construção das moradias não mudou ao longo do tempo.

   ☐ As moradias são lugares em que as pessoas se abrigam, moram e fazem diversas atividades.

A diversidade das moradias

Atualmente existem diversos tipos de moradia, construídos com materiais como madeira, tijolo, areia e cimento.

Apartamento, casa, oca são tipos de moradia. Em qual delas você mora?

Edifício e casa de alvenaria. Socorro, São Paulo, 2015.

Casas de alvenaria construídas em morro. Rio de Janeiro, Rio de Janeiro, 2016.

Casa de madeira em palafita. Altamira, Pará, 2014.

Habitação indígena construída com madeira e palha. Parque Indígena do Xingu, Mato Grosso, 2011.

1. O que as imagens retratam?

    ☐ Moradias.   ☐ Clubes.

2. Todas elas são iguais?

    ☐ Sim.   ☐ Não.

3. Circule a imagem que retrata a moradia que mais se parece com a sua.

A minha moradia

E como é sua moradia?

1. Recorte as frases da página 141 que correspondem às características de sua moradia e cole-as dentro da casa abaixo.

Morar e conviver

Em muitas famílias, os adultos trabalham o dia inteiro e alguns também estudam.

A moradia é o lugar de convivência e descanso com a família.

Família se diverte.

Homem prepara refeição.

1. Circule a alternativa que completa a frase:

    Nas moradias, as famílias _____
    a) praticam corridas.
    b) convivem, se alimentam, descansam e se divertem.

2. Os adultos que moram com você trabalham o dia inteiro?

    ☐ Sim.   ☐ Não.

3. Em quais momentos vocês se encontram?

    _____

4. Conte aos colegas e ao professor duas atividades que você mais gosta de fazer em casa com os adultos que vivem com você.

◈ Morar e trabalhar

Há muito tempo, diversas famílias usavam as moradias também como local de trabalho.

Vamos conhecer um exemplo?

Gillis Rombouts. *A oficina de um tecelão*, 1656. Óleo sobre tela, 38,5 cm × 32 cm.

1. Pinte o quadrinho com a frase que mais se parece com o que você observa na imagem.

    ☐ A imagem retrata apenas um local de trabalho.

    ☐ Não há elementos que indicam uma moradia.

    ☐ Retrata uma moradia e um local de trabalho, porque há uma criança no berço, outra brincando com um cachorro e dois adultos trabalhando.

76

No presente

Será que apenas as famílias do passado usavam a moradia para trabalhar? Vamos descobrir!

Mulher trabalha enquanto filha faz a tarefa de casa, 2014.

Artesã trabalha em tear na cozinha de casa, 2017.

1. Converse com um colega e descreva o trabalho realizado em cada imagem.

2. Em uma folha avulsa, desenhe três tipos de trabalhos diferentes dos retratados nas imagens que podem ser feitos em casa.

3. Em sua família, alguém usa a moradia como lugar de trabalho? Se sim, qual trabalho essa pessoa realiza? Conte aos colegas e ao professor.

Para saber mais

Morar e estudar

Alguns jovens estudam em universidades distantes do local em que moram. Nesses casos, eles saem da própria moradia para viver em outras mais próximas do local em que estudam, compartilhando o espaço com outros estudantes.

Moradia estudantil. Rio das Ostras, Rio de Janeiro, 2012.

77

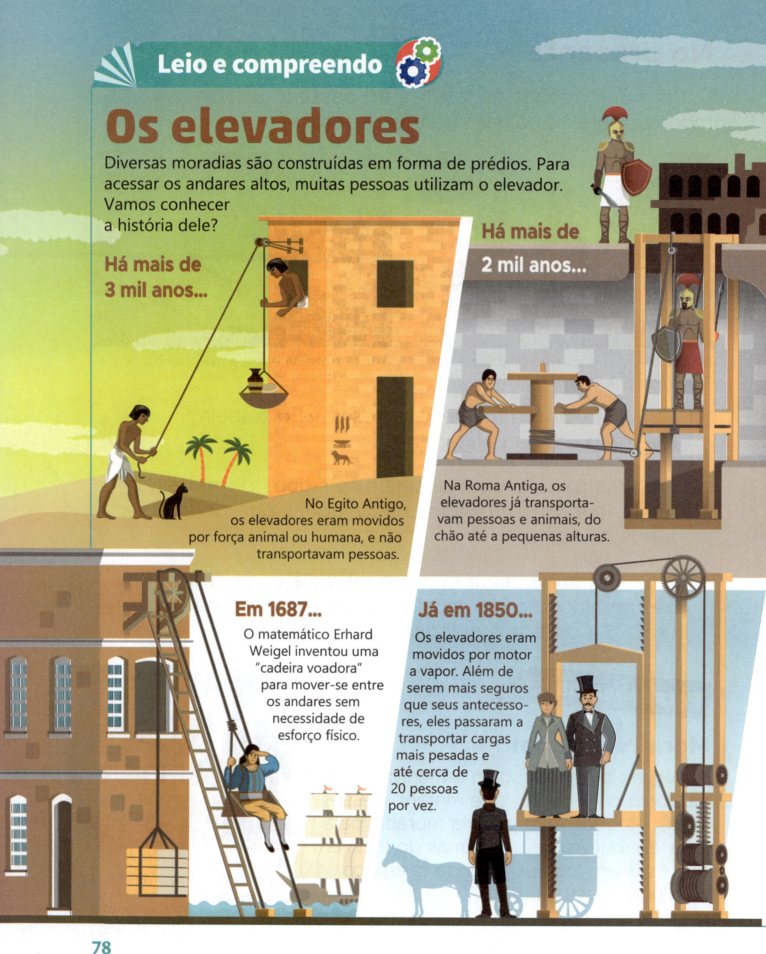

Leio e compreendo

Os elevadores

Diversas moradias são construídas em forma de prédios. Para acessar os andares altos, muitas pessoas utilizam o elevador. Vamos conhecer a história dele?

Há mais de 3 mil anos...
No Egito Antigo, os elevadores eram movidos por força animal ou humana, e não transportavam pessoas.

Há mais de 2 mil anos...
Na Roma Antiga, os elevadores já transportavam pessoas e animais, do chão até a pequenas alturas.

Em 1687...
O matemático Erhard Weigel inventou uma "cadeira voadora" para mover-se entre os andares sem necessidade de esforço físico.

Já em 1850...
Os elevadores eram movidos por motor a vapor. Além de serem mais seguros que seus antecessores, eles passaram a transportar cargas mais pesadas e até cerca de 20 pessoas por vez.

78

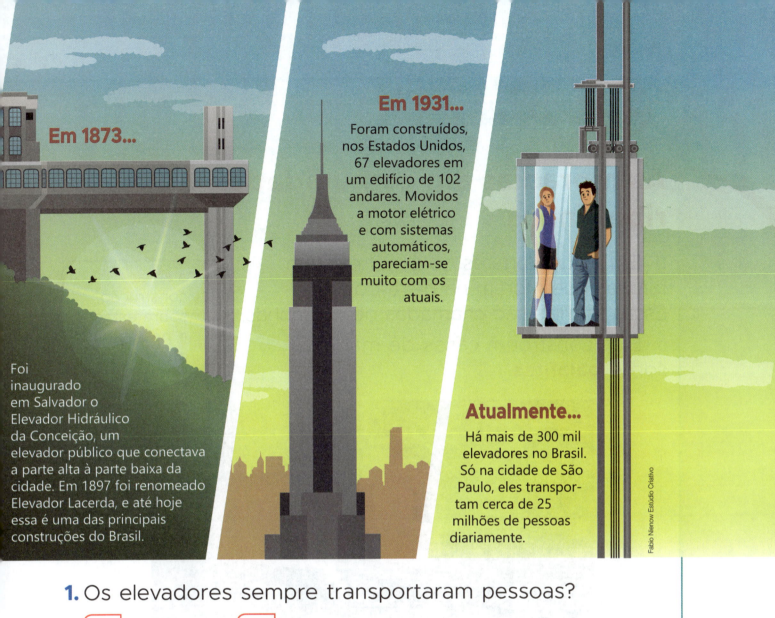

Em 1873...
Foi inaugurado em Salvador o Elevador Hidráulico da Conceição, um elevador público que conectava a parte alta à parte baixa da cidade. Em 1897 foi renomeado Elevador Lacerda, e até hoje essa é uma das principais construções do Brasil.

Em 1931...
Foram construídos, nos Estados Unidos, 67 elevadores em um edifício de 102 andares. Movidos a motor elétrico e com sistemas automáticos, pareciam-se muito com os atuais.

Atualmente...
Há mais de 300 mil elevadores no Brasil. Só na cidade de São Paulo, eles transportam cerca de 25 milhões de pessoas diariamente.

1. Os elevadores sempre transportaram pessoas?

☐ Sim.   ☐ Não.

2. Relacione a primeira coluna com a segunda.

A "Cadeira voadora".

B Elevador movido por motor a vapor.

C Elevador moderno.

☐ Cerca de 20 pessoas por vez.

☐ Mais de 25 milhões de pessoas por dia só na cidade de São Paulo.

☐ Uma pessoa por vez.

Giramundo

As moradias em comunidades ribeirinhas

Em alguns lugares do Brasil existem famílias que moram na beira dos rios. Essas famílias são chamadas de ribeirinhas.

Elas constroem casas de madeira sobre **palafitas**.

Palafita: construção sobre estacas e postes de madeira.

Moradia em palafita. Santana, Amapá, 2014.

As palafitas são usadas para que as casas dos ribeirinhos não sejam inundadas pelas águas dos rios durante a época das chuvas.

Em estados como o Amazonas, Pará, Acre, Rondônia e Amapá, muitas pessoas vivem em moradias de palafitas.

Moradias às margens do Rio Negro. Manaus, Amazonas, 2015.

Geralmente, os povos ribeirinhos vivem da pesca e da agricultura.

Eles fazem parte das comunidades tradicionais, ou seja, comunidades que vivem de acordo com o modo de vida de seus antepassados.

Pesca de pirarucu no Rio Japurá. Maraã, Amazonas, 2014.

1. Quem são os ribeirinhos?

___

2. Como são construídas as casas deles?

___

3. Por que as casas dos ribeirinhos são construídas no alto?

___

4. Por que as comunidades ribeirinhas são consideradas comunidades tradicionais?

___

81

Retomada

1. Numere cada frase de acordo com a imagem a que corresponde.

Moradia em Teresópolis, Rio de Janeiro.

Moradia em Cajari, Maranhão.

Moradia em São Félix do Xingu, Pará.

☐ Moradia construída com taquaras e troncos de árvore e coberta com folhas e palha.

☐ Moradia construída com alvenaria em sítio.

☐ Moradia construída com madeira, em palafita, perto de rio.

2. Pinte de **azul** o quadrinho com a frase correta e de **vermelho** o quadrinho com a frase incorreta.

☐ As moradias protegem as famílias do frio, da chuva e do calor do Sol há muito tempo.

☐ Todas as famílias vivem em moradias iguais.

3. Leia o texto a seguir.

> Gustavo viajou nas férias para a cidade em que a avó dele nasceu e decidiu descobrir qual era a casa em que ela morava quando era criança.
>
> Pelas histórias que a avó contava, ele sabia o nome da rua e tinha mais algumas pistas. Gustavo encontrou a rua, mas não conseguiu localizar a casa.

Vamos ajudar Gustavo? Ele tinha as seguintes informações:
- a casa da avó era um sobrado, tinha dois andares;
- na parte de baixo havia uma porta;
- na parte de cima havia duas janelas;
- no telhado aparecia uma chaminé.

Qual é o número da casa da avó de Gustavo?

Periscópio

📖 Para ler

A rua do Marcelo, de Ruth Rocha. São Paulo: Salamandra, 2012.
O livro descreve detalhes da rua onde mora Marcelo. Os vários tipos de casas, sobrados e prédios aparecem lado a lado, além da feira, do fruteiro, do lixeiro e do carteiro.

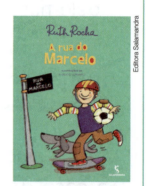

Cada casa casa com cada um, de Ellen Pestili. São Paulo: Editora do Brasil, 2013.
Você conhecerá diferentes moradias. Seja ela grande, seja pequena, de madeira, perto da árvore ou na lagoa, o que importa é que todos se sintam bem no lugar em que vivem.

Uma casa para viver, de Maria Luisa Aroeira e Maria Lopes da Mota Fontes. Belo Horizonte: Dimensão, 2009.
O livro conta a história das moradias desde o período das cavernas até surgirem os grandes arranha-céus.

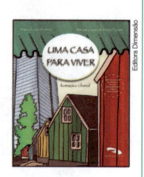

👆 Para acessar

Smart Kids: o *site* oferece conteúdos educativos e um vídeo sobre os diferentes tipos de moradia.
Disponível em: <www.smartkids.com.br/video/casa-e-habitacao>. Acesso em: 20 abr. 2018.

UNIDADE 6
A escola no presente e no passado

Nas salas de aula a seguir, há letras escondidas. Encontre-as e faça o que se pede.

1. Circule as letras que você encontrou.

2. Com essas letras, que palavra você pode formar que tem relação com esta unidade?

_____

85

O que é escola?

As escolas existem há muito tempo.

Nelas, as crianças aprendem diversas disciplinas, como Língua Portuguesa, Matemática, Ciências, História, Geografia, entre outras.

A escola é um espaço onde convivem alunos, professores e outros adultos que também trabalham nela.

Alunos em sala de aula. Além Paraíba, Minas Gerais, 2014.

Alunos em quadra esportiva de escola. São Paulo, São Paulo, 2014.

1. As frases abaixo explicam o que é escola. Escolha aquela que está correta.

    ☐ A escola é um lugar a que vou só para me divertir e praticar esportes.

    ☐ A escola é um lugar em que convivo com colegas, pratico alguns esportes e aprendo Língua Portuguesa, Matemática, História, Geografia, Ciências e Arte.

2. Além das disciplinas citadas no texto, quais outras existem em sua escola?

Houve um tempo...

Houve um tempo em que meninos e meninas não podiam estudar juntos na escola.

Nessa época, meninos e meninas aprendiam algumas disciplinas diferentes. Os meninos tinham mais disciplinas voltadas às ciências e à matemática, enquanto as meninas estudavam artes e educação doméstica.

Meninos em sala de aula da escola Caetano de Campos. São Paulo, São Paulo, 1900.

Meninas bordam em sala de aula da Escola Normal. São Paulo, São Paulo, 1908.

1. O texto contém informações:

☐ do presente. ☐ do passado.

2. Escreva **V** para as frases verdadeiras e **F** para as falsas. De acordo com o texto, no passado:

☐ apenas as meninas aprendiam educação doméstica;

☐ meninos e meninas estudavam na mesma sala de aula;

☐ meninos tinham mais disciplinas voltadas às ciências e à matemática.

Para saber mais

Material escolar no passado

Há mais de 50 anos, os materiais escolares eram diferentes dos que conhecemos hoje.

As carteiras eram feitas de madeira e ferro; uma curiosidade é que o banco em que o aluno se sentava era grudado na carteira que o colega atrás dele usava para escrever.

Em algumas carteiras ainda havia um buraco para colocar o vidro de tinta usada na caneta-tinteiro. A caneta era carregada de tinta e, para que essa tinta não escorresse nem borrasse, depois de escrever o aluno usava o mata-borrão para secar o excesso dela.

Carteira dupla com reservatório de tinta ao centro.

Caneta-tinteiro.

As cópias dos textos e atividades eram feitas em um aparelho chamado mimeógrafo.

Mata-borrão.

O apontador de lápis era de ferro e, para apontar o lápis, era necessário girar a manivela. Ele era de uso coletivo e ficava na mesa do professor.

Mimeógrafo.

Apontador antigo.

88

1. Marque a alternativa que completa corretamente a frase.

- Em 1950, os materiais escolares _____ conhecemos hoje.

☐ eram muito diferentes dos que

☐ eram iguais aos que

2. Para que servia o buraco na carteira?

_____

_____

3. O apontador era de uso:

☐ individual. ☐ coletivo.

4. Seu material escolar é parecido com algum dos retratados na imagem? Se sim, qual?

_____

_____

5. Como são feitas cópias de textos e de atividades em sua escola?

_____

_____

_____

Muitas escolas, muitas crianças

Atualmente muitas crianças frequentam a escola.

Estudar é um dos direitos de todas as crianças.

Nas escolas, elas fazem várias atividades. Você sabia que no Brasil há diferentes escolas? Vamos conhecer algumas.

Escola rural. Xapuri, Acre.

Escola flutuante. Manaus, Amazonas.

Escola indígena do povo pataxó. Porto Seguro, Bahia.

Alunos em biblioteca escolar. Tracuateua, Pará.

1. Assinale a frase que se relaciona com as imagens.

    ☐ Todas as escolas são iguais.

    ☐ As escolas são diferentes entre si.

2. Sua turma é formada pelos mesmos colegas do 1º ano?

    ☐ Sim.   ☐ Não.

3. Novos colegas entraram em sua turma este ano? Se a resposta for **sim**, de que escola eles vieram?

As escolas indígenas

Você sabia que nas escolas indígenas brasileiras as crianças aprendem alguns assuntos diferentes daqueles que você aprende em sua escola?

Para preservar a cultura dos povos indígenas, cada comunidade aprende conteúdos que se relacionam com sua língua e sua cultura.

Professora ensina artesanato em escola do povo guarani mbyá. São Paulo, São Paulo.

Alunos na escola do povo guarani mbyá. São Paulo, São Paulo.

Na escola, os guarani mbyá aprendem a ler e a escrever a língua de seu povo e também a língua portuguesa. Aprendem ainda disciplinas como Matemática, História, Geografia e Ciências.

1. Por que é importante que as escolas dos povos indígenas ensinem conteúdos relacionados à língua e à cultura deles?

2. O que é semelhante no aprendizado das escolas dos guarani mbyá e no da escola em que você estuda? Converse com os colegas e o professor.

As pessoas que trabalham na escola

Muitas pessoas trabalham para que as escolas funcionem. Alguns trabalhadores permanecem na mesma escola por muito tempo. Outros ficam por pouco tempo.

Desde que as escolas foram criadas, as atividades realizadas por esses trabalhadores são indispensáveis. Você já pensou com quantas pessoas convive diariamente na escola?

Professora e alunos em sala de aula, 1967.

Cozinheiras preparam a merenda escolar, 2010.

1. Relacione os trabalhadores com a atividade realizada por eles.

   A professor

   B auxiliar de limpeza

   C cozinheiro

   D bibliotecário

   ☐ Auxilia os alunos a encontrar livros e fazer pesquisas.

   ☐ Prepara os alimentos dos alunos.

   ☐ É responsável pelas aulas.

   ☐ É responsável pela limpeza da escola.

Os livros que contam as histórias

Você e os colegas costumam frequentar a biblioteca da escola? E com o bibliotecário, vocês costumam conversar?

Geralmente, nas escolas há um espaço reservado para diversos livros: novos, antigos, grandes e pequenos; livros de assuntos diversos, uns com muitas imagens, outros com muitos textos.

A biblioteca também é um espaço de convivência onde as pessoas interagem, trocam informações e pesquisam diversos assuntos.

Biblioteca escolar em Natal, Rio Grande do Norte, 2014.

Biblioteca escolar em Sumaré, São Paulo, 2015.

1. Como é a biblioteca de sua escola? Ela se parece com uma das bibliotecas retratadas nas imagens? Justifique.

_____

_____

2. Com a ajuda do bibliotecário de sua escola, selecione um livro usado por alunos que estudaram muitos anos antes de você. Compare-o com os que você utiliza atualmente e compartilhe as descobertas com os colegas.

93

Regras e combinados

Quando participamos de um jogo, precisamos conhecer as regras dele e respeitá-las, não é mesmo? Ao realizar um trabalho em grupo, é importante que todos decidam, juntos, a melhor maneira de fazê-lo.

Portanto, respeitar regras e combinados é importante para a convivência de todos. Você sabe reconhecer a diferença entre regras e combinados?

Crianças jogam vôlei em quadra da escola. São Paulo, São Paulo, 2014.
O vôlei tem regras que devem ser obedecidas.

Alunos em sala de aula. Floresta, Pernambuco, 2016. Professor e alunos podem conversar e combinar como serão desenvolvidos os trabalhos.

1. Nas frases a seguir, escreva:

R para as frases que correspondem a **regras**;

C para as frases que correspondem a **combinados**.

☐ No basquete, ninguém pode chutar a bola.

☐ Em nossa sala de aula, sabemos os momentos em que podemos conversar.

☐ O motorista deve parar quando o sinal fica vermelho.

☐ Decidimos organizar o mural da sala de aula uma vez por mês.

☐ Se um jogador de futebol empurra o adversário, ele comete falta.

2. Pinte de **azul** os quadrinhos que indicam os combinados e de **vermelho** os quadrinhos que indicam regras.

☐ Professores e alunos decidem a ordem de apresentação dos trabalhos.

☐ Na escola, há horário para entrar e sair.

☐ Eu e meus pais decidimos o melhor horário para fazer a lição de casa.

☐ Deve-se atravessar a rua na faixa de pedestres.

☐ O diretor da escola veio à nossa sala explicar os horários das atividades que faremos durante a excursão escolar.

Giramundo

O papel que vem da árvore

Você sabia que o papel de nossos livros e cadernos escolares é feito da madeira das árvores?

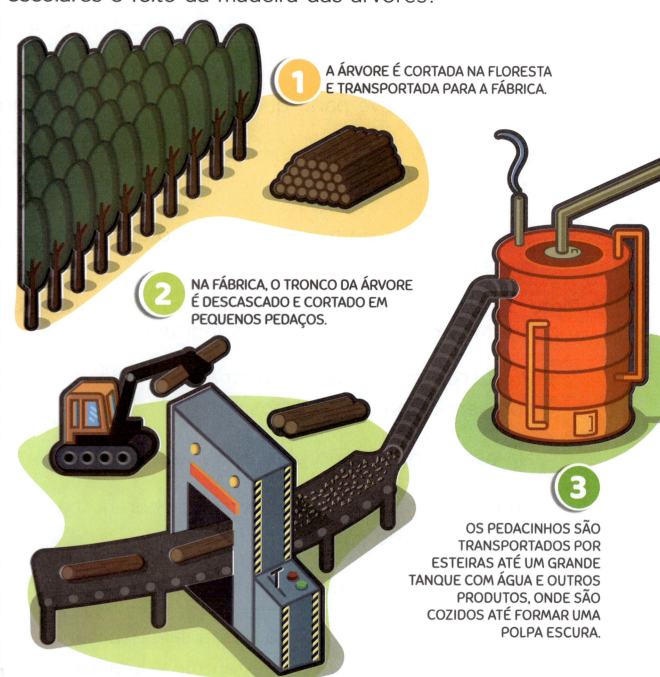

1. A ÁRVORE É CORTADA NA FLORESTA E TRANSPORTADA PARA A FÁBRICA.

2. NA FÁBRICA, O TRONCO DA ÁRVORE É DESCASCADO E CORTADO EM PEQUENOS PEDAÇOS.

3. OS PEDACINHOS SÃO TRANSPORTADOS POR ESTEIRAS ATÉ UM GRANDE TANQUE COM ÁGUA E OUTROS PRODUTOS, ONDE SÃO COZIDOS ATÉ FORMAR UMA POLPA ESCURA.

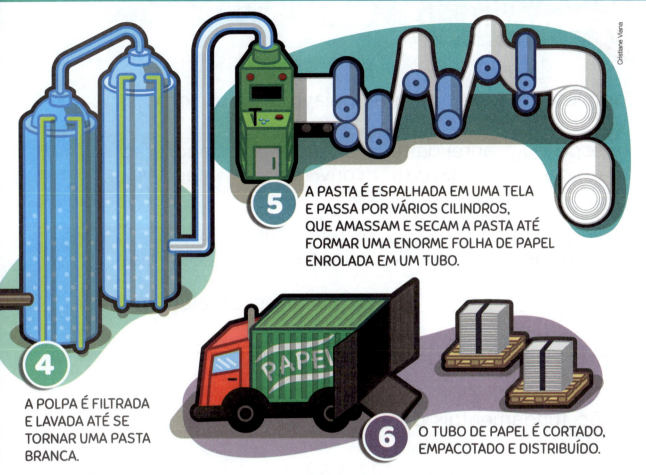

É necessário o corte de muitas árvores para a fabricação de papel, o que prejudica o meio ambiente.

Para diminuir a quantidade de árvores derrubadas, precisamos diminuir a quantidade de papel que usamos todos os dias e, cada vez mais, utilizar papel reciclado.

1. Do que é feito o papel dos livros e cadernos?
   _____

2. Por que é importante utilizarmos papel reciclado?
   _____

3. Você costuma usar muitas folhas de papel durante o dia? Comente com os colegas e o professor.

Retomada

1. Complete as frases com as palavras do quadro.

| respeito | aprendem | passado | colaboração |
| escola | amizade | convivem | meninas |

a) A _____ é um lugar muito importante na vida das crianças. Na escola, elas _____ muitas coisas. Lá elas também _____ com outras pessoas.

b) _____, _____ e _____ são fundamentais para a boa convivência.

c) No _____, meninos e _____ estudavam em salas diferentes e aprendiam atividades diferentes.

2. Observe as imagens a seguir e faça um **X** nos quadrinhos que indicam profissionais que trabalham na escola.

Criança em consultório odontológico.

Criança faz atividade no quadro de giz.

Adultos em uma padaria.

Alunos em atividade de educação física.

Alunos são orientados na escola.

Feirante em barraca de frutas.

3. Em cada linha a seguir, escreva um combinado que você gostaria de fazer com o professor e os colegas para que a convivência em sala de aula fique cada vez melhor.

1. _____

2. _____

3. _____

4. _____

Periscópio

📖 Para ler

A escola do Marcelo, de Ruth Rocha.
São Paulo: Salamandra, 2001.
O livro conta como é um dia de aula na escola onde Marcelo estuda.

Na minha escola todo mundo é igual,
de Rossana Ramos e Priscila Sanson.
São Paulo: Cortez, 2004.
O livro mostra uma escola em que os alunos convivem em harmonia, respeitam as diferenças e as dificuldades para que todos sejam iguais.

Vamos brincar de escola?, de Ana Maria Machado. São Paulo: Salamandra, 2005.
Conta a história de Henrique e Isadora, duas crianças que começam a frequentar a escola, mas que adoram mergulhar no mundo das cantigas infantis e dos contos de fadas quando estão na companhia da avó.

👆 Para acessar

Memória da Educação: página do Arquivo Público do Estado de São Paulo em que você encontra fotografias antigas de escolas de várias cidades paulistas. Disponível em: <www.arquivoestado.sp.gov.br/educacao/galeria.php>. Acesso em: 23 abr. 2018.

UNIDADE 7
Trabalho e trabalhadores

Em nosso dia a dia, encontramos adultos realizando diversas atividades importantes para a comunidade.

1. Você sabe quem são eles?

Eles são T ☐ ☐ ☐ ☐ ☐ ☐ ☐ ☐ ☐ ☐ S.

O trabalho

O que é trabalho?

Uma das definições de trabalho é: atividades construtivas ou criativas que milhões de adultos realizam para atingir determinado fim. Por exemplo, a finalidade do trabalho feito pelo cozinheiro é o preparo de uma comida saborosa.

A maioria dos adultos que trabalham recebe uma **remuneração** por essa atividade. Com esse dinheiro, eles podem comprar alimentos e roupas, pagar pelo uso de energia e água, entre outros.

Remuneração: pagamento em dinheiro feito pelo empregador ao empregado pelos serviços prestados por ele.

Agente de trânsito organiza a circulação de veículos. Curitiba, Paraná, 2015.
Esse profissional é responsável por organizar o trânsito e garantir que todos trafeguem com segurança.

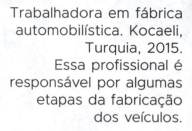

Trabalhadora em fábrica automobilística. Kocaeli, Turquia, 2015. Essa profissional é responsável por algumas etapas da fabricação dos veículos.

1. Quantos adultos de sua família trabalham?

_____

2. Por que o trabalho que eles fazem é importante para a vida de todas as pessoas da família?

102

Os primeiros trabalhadores

Há mais de 40 mil anos, os seres humanos viviam de forma muito diferente de nós.

Para conseguir alimentos, eles caçavam, coletavam frutos e pescavam.

Com o passar do tempo, algumas comunidades humanas passaram a cultivar a terra e a criar pequenos animais. Esses trabalhos possibilitaram aumento na quantidade de alimentos, contribuíram para mudanças no ambiente e no modo de vida daquelas comunidades e de outras.

1. Reúna-se com um colega, observem as imagens e identifiquem as mudanças de uma imagem para outra. Compartilhe as descobertas de vocês com a turma e o professor.

103

Os trabalhadores ao longo do tempo

Com o passar dos anos e a mudança na vida das pessoas, surgiu a necessidade de trabalhadores que fizessem atividades especializadas.

Algumas dessas atividades existem até hoje, enquanto outras desapareceram.

Jornaleiros.
Rio de Janeiro, Rio de Janeiro, 1889.

Coleta de lixo.
São Paulo, São Paulo, 1910.

Entregador de leite.
São Paulo, São Paulo, 1940.

Acendedor de lampião.
Londres, Inglaterra, 1952.

1. Circule os números que correspondem às imagens em que estão retratadas atividades do passado que você não conhece.

   1   2   3   4

2. Escolha uma das imagens da página anterior e complete os itens com o que é pedido.

   • Profissão: _____.

   • Atividade: _____.

3. Circule os números que correspondem às imagens em que estão retratadas atividades realizadas por trabalhadores do passado que existem até hoje.

   1   2   3   4

4. Observe a imagem abaixo e faça o que se pede.
   a) O que a imagem retrata?
   _____
   _____
   _____

   b) Qual é a semelhança entre essa imagem e a fotografia 1 da página anterior?

   Criança vende flor na rua em Nova Délhi, Índia, 2017.

   _____
   _____

   c) Converse com os colegas e o professor sobre a proibição do trabalho infantil no Brasil.

Os trabalhadores e a comunidade

Para vivermos em comunidade, é necessário que várias pessoas trabalhem em conjunto. Tudo de que precisamos para viver é produzido pelo trabalho de uma ou mais pessoas.

Observe as imagens.

Farmacêutico atende cliente.

Guarda-vidas prestam socorro em rua alagada.

Motorista aguarda embarque de alunos.

Porteiro em portaria de edifício.

1. Pinte de **azul** os quadrinhos das imagens que mostram os trabalhadores com quem você convive no dia a dia na sua comunidade.

2. Escolha um dos trabalhadores e descreva a um colega o que ele faz.

3. Com auxílio de um familiar, entreviste um trabalhador de sua comunidade e descubra:

   a) Qual é o nome dele? _____

   b) Qual é o trabalho dele? _____
   _____

   c) Qual é a importância dele em sua vida? Explique.
   _____
   _____

   d) Desenhe as ferramentas que esse trabalhador utiliza para realizar seu trabalho.

Os trabalhadores e a produção de alimentos

A agricultura é um trabalho que existe há milhares de anos, e até hoje é muito importante para todas as pessoas.

São os agricultores que produzem as verduras, os legumes e as frutas que consumimos em nossas refeições.

Agricultor em plantação de verduras.

Agricultor em colheita de caju.

Agricultor em colheita de milho.

1. Quais alimentos retratados nas imagens você costuma comer?

2. Onde você e sua família costumam adquirir esses alimentos?

    ☐ Na feira.   ☐ No supermercado.   ☐ Na quitanda.

    ☐ No sítio.   ☐ Em outro lugar: _____.

3. A sua família é formada por agricultores? _____

4. Converse com seus familiares e descubra quais alimentos produzidos por agricultores são vendidos próximo à sua moradia. Conte aos colegas e ao professor.

108

As mãos são instrumentos de trabalho

As mãos são instrumentos muito importantes para um trabalhador.

São elas que seguram a enxada, escrevem, digitam, tocam instrumentos musicais, limpam, pintam etc. Vamos descobrir o quanto as mãos são importantes?

Padeiro preparando massa de pão.

Músico tocando violão.

Cabeleireiro cortando cabelo.

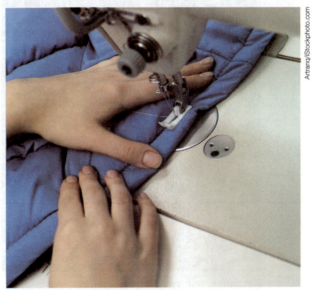
Costureira fazendo costura.

1. Junte-se a dois colegas e conversem sobre as atividades que vocês fazem com as mãos.

Artesanato

Algumas pessoas trabalham transformando materiais, como tecido, papel, argila, em artesanato.

A maioria dos artesãos não recebe remuneração por seu trabalho. O trabalho deles é pago por meio do valor da venda das peças que produzem.

Ceramista produz vaso de barro. Aratuípe, Bahia.

Artesã do povo kaxinawá trança palha ao fazer uma peça de artesanato. Jordão, Acre.

Entalhador produz quadro. Gramado, Rio Grande do Sul.

Tecelã produz tecido com lã crua. Antonina, Paraná.

1. Quais dos objetos retratados nas imagens você conhece? Converse com os colegas e o professor.

Para saber mais

Algumas pessoas nascem sem as mãos e, mesmo assim, realizam diversos trabalhos.

Veja um exemplo no texto a seguir.

Conheça o artista plástico que, mesmo sem as mãos, dá um *show* de talento

Existem trabalhos feitos por artistas de rua que impressionam as pessoas por conta dos detalhes [...].

A criatividade é uma ferramenta fundamental para um artista que trabalha com criações.

Um artista polonês de 23 anos, chamado Mariusz Kedzierski, produz retratos com desenhos realistas ou hiper-realistas [...].

Ele nasceu sem os braços e trabalha com a arte há 7 anos. O trabalho dele rendeu o 2º prêmio de "Melhor Artista Global" em um concurso em Viena, no ano de 2013.

Ele trabalha viajando pelo mundo e já mostrou seu trabalho durante uma viagem pela Europa. Ele já desenhou nas ruas de Atenas, Roma, [...] Londres, Amsterdam, Berlim, Paris, Barcelona, Marselha e Veneza.

[...]

Conheça o artista plástico que, mesmo sem as mãos, dá um *show* de talento. *Fatos desconhecidos*. Disponível em: <www.fatosdesconhecidos.com.br/conheca-o-artista-plastico-que-mesmo-sem-as-maos-da-um-show-de-talento>. Acesso em: 23 abr. 2018.

Mariusz Kedzierski. *Aneta*, 2016. Lápis sobre papel, 40 cm × 50 cm.

111

Leio e compreendo

Agora eu era

Agora eu era uma arquiteta, projetando casas e prédios.

Uma casa tem sala, quartos, corredor, banheiro. Mas a casa não é corredor, banheiro, sala e quartos.

A casa é quem mora lá; é o jeito de morar.

O prédio tem apartamentos: casas uma ao lado de outras e umas sobre as outras. E o prédio não são salas, quartos, corredores e banheiros sobre corredores, banheiros, salas e quartos, mais elevadores e escadas.

O prédio é quem mora lá.

Fazer casa, para mim, não era só fazer salas, quartos, corredores e banheiro.

Fazer uma casa é inventar um jeito bom de morar.

Quer dizer: um jeito bom de viver.

Arthur Nestrovski. *Agora eu era*. São Paulo: Companhia das Letrinhas, 2009. p. 43.

1. O que faz a arquiteta?

☐ Constrói casas e prédios.

☐ Projeta casas e prédios.

2. De acordo com o texto:

☐ a casa é corredor, banheiro, sala e quartos.

☐ a casa é quem mora lá; é o jeito de morar.

☐ o prédio é apenas um conjunto de salas, quartos, corredores e banheiros.

3. De acordo com o texto, escreva **V** para as frases verdadeiras e **F** para as falsas.

☐ Uma casa tem sala, quartos, corredor e banheiro.

☐ O prédio tem apartamentos.

☐ O prédio tem antena e lavanderia.

☐ O prédio é quem mora lá.

☐ Os prédios têm apenas elevadores e escadas.

4. A arquiteta fala: "Fazer uma casa é inventar um jeito bom de morar". Isso quer dizer que ela se preocupa:

☐ só com o projeto das casas e prédios.

☐ com o projeto e com as pessoas.

☐ com o jeito que as pessoas devem morar na casa.

Giramundo

Agricultura e meio ambiente
Uma das principais finalidades da agricultura é produzir alimentos.

No Brasil, grande parte dos alimentos é cultivada por pequenos produtores, conhecidos como agricultores familiares.

A agricultura familiar é responsável por uma importante parcela da produção de alimentos, como milho, feijão e mandioca.

> Em seu trabalho, o agricultor utiliza algumas técnicas, como aragem, adubação, semeadura e irrigação.

1 Arar
Mexer, revolver a terra com ferramentas.

2 Adubar
Colocar substâncias na terra para as plantas crescerem mais rápido.

3 Semear
Plantar sementes na terra.

4 Irrigar
Molhar a plantação com água.

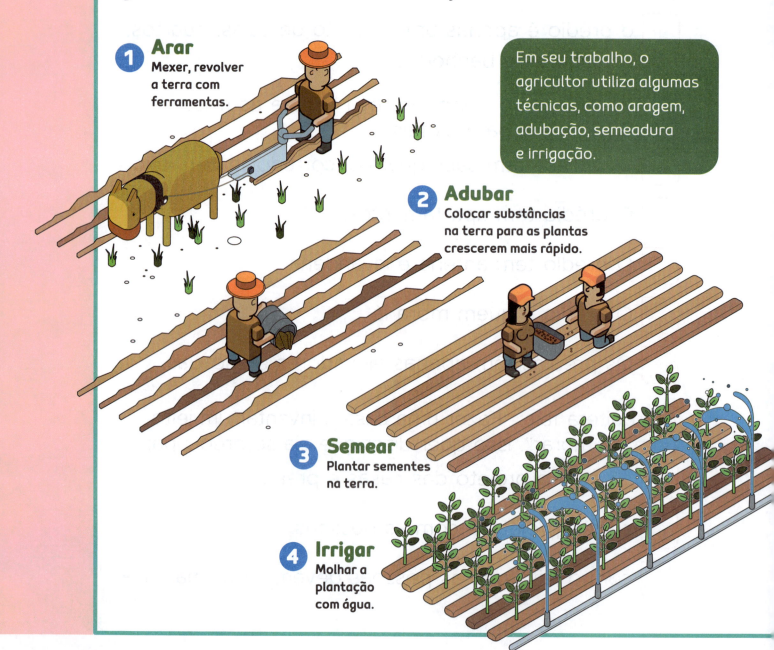

Outra fonte de alimento importante é a agricultura comercial, praticada em grandes propriedades. Produtos como café, soja, milho e açúcar são cultivados para consumo interno e também para serem vendidos a diversos países.

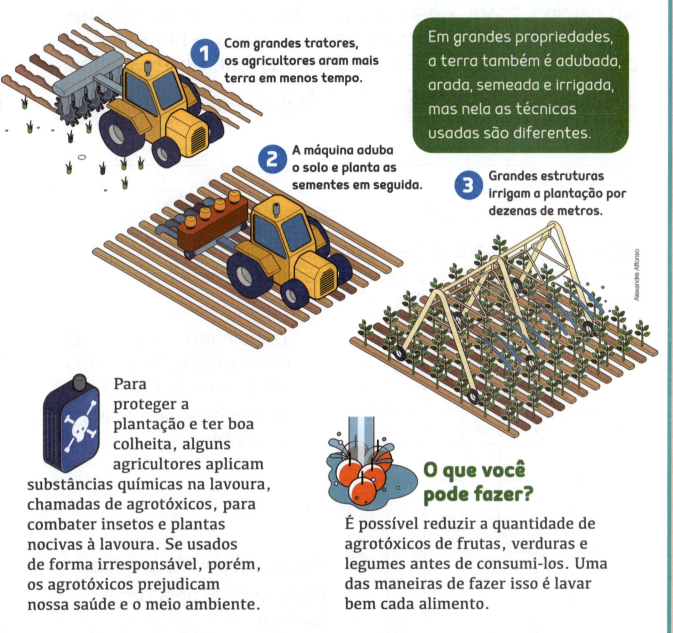

1 Com grandes tratores, os agricultores aram mais terra em menos tempo.

2 A máquina aduba o solo e planta as sementes em seguida.

3 Grandes estruturas irrigam a plantação por dezenas de metros.

Em grandes propriedades, a terra também é adubada, arada, semeada e irrigada, mas nela as técnicas usadas são diferentes.

Para proteger a plantação e ter boa colheita, alguns agricultores aplicam substâncias químicas na lavoura, chamadas de agrotóxicos, para combater insetos e plantas nocivas à lavoura. Se usados de forma irresponsável, porém, os agrotóxicos prejudicam nossa saúde e o meio ambiente.

O que você pode fazer?

É possível reduzir a quantidade de agrotóxicos de frutas, verduras e legumes antes de consumi-los. Uma das maneiras de fazer isso é lavar bem cada alimento.

1. Reúna-se com os colegas e, com a orientação do professor, preparem folhetos para conscientizar as pessoas da comunidade da necessidade de proteger-se dos agrotóxicos e mostrar a elas como fazer isso. Depois de prontos, fotografem os folhetos e enviem as imagens, via internet, para amigos e familiares.

1. No caminho para a escola é provável que você encontre trabalhadores. Escolha dois deles, escreva o nome da profissão que exercem e da atividade que desenvolvem.

Profissão	Atividade
_____	_____
_____	_____

2. Siga as dicas para preencher o diagrama de palavras com o nome de cinco profissões relacionadas à construção de moradias.

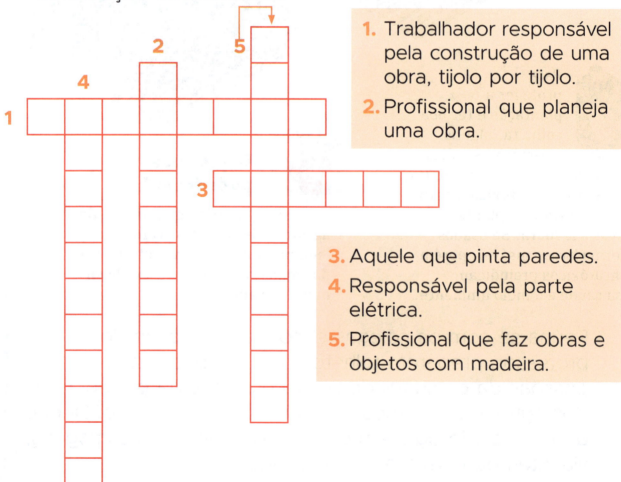

1. Trabalhador responsável pela construção de uma obra, tijolo por tijolo.
2. Profissional que planeja uma obra.
3. Aquele que pinta paredes.
4. Responsável pela parte elétrica.
5. Profissional que faz obras e objetos com madeira.

116

3. Identifique os trabalhadores retratados nas imagens. Faça as legendas seguindo o modelo.

Artesão.

_____

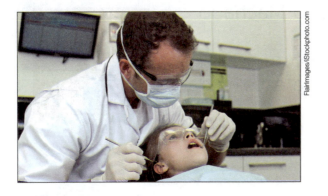

_____

_____

4. Assinale com um **X** a frase que explica a diferença entre o motivo de os adultos de sua família trabalharem e o motivo daqueles que viveram há mais de 10 mil anos trabalharem.

☐ Os adultos de minha família trabalham para comprar o que precisam para sobreviver. O mesmo acontecia há mais de 10 mil anos.

☐ Há mais de 10 mil anos, os seres humanos trabalhavam para obter alimentos. Em minha família, as pessoas trabalham em troca de remuneração.

Periscópio

📖 Para ler

Tem de tudo nesta rua..., de Marcelo Xavier. São Paulo: Formato, 2013.
O livro mostra cenas do cotidiano vividas por personagens que trabalham nas ruas, como o pipoqueiro, o camelô, entre outros. As cenas, criadas em massinha de modelar e fotografadas, tornam a leitura ainda mais agradável.

Quando eu crescer..., de Ana Maria Machado. São Paulo: Moderna, 2013.
O livro brinca com as rimas e joga com as palavras para apresentar o tema da escolha da profissão.

▶ Para assistir

FormiguinhaZ, direção de Tim Johnson e Eric Darnell, 1998.
Essa animação mostra a história de Z, uma formiga-macho operária que cava buracos para a comunidade se locomover debaixo da terra e guardar alimentos. Como não gosta de seu trabalho, Z troca de lugar com um amigo soldado. Um dia, quando sai em missão com o exército, ele descobre o plano do general Mandíbula para inundar o formigueiro e assumir o poder. Z volta à colônia para contar a sua descoberta. A união das formigas resulta em um ótimo exemplo de trabalho em equipe.

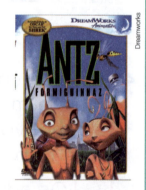

Meios de transporte

1. Circule na cena abaixo quatro erros relacionados com os meios de transporte.

◆ Ir de um lugar a outro

Você sabia que a maneira pela qual as pessoas se locomovem pode estar relacionada com as características do lugar em que elas vivem?

Muitas vezes nos locomovemos de um lugar a outro com o objetivo de encontrar pessoas ou realizar atividades, por exemplo, estudar ou trabalhar.

Crianças indo à escola de barco.

Crianças indo à escola de *van* escolar.

Criança indo à escola a cavalo.

Crianças caminhando para chegar à escola.

1. Nas imagens acima, pinte de **azul** o quadrinho daquelas que representam as formas de locomoção que você já utilizou para ir à escola e de **vermelho** o daquelas que você nunca utilizou.

2. Converse com os colegas e o professor sobre o meio que você usa para se locomover de casa até a escola e como ele está relacionado às características do lugar onde você vive.

120

A locomoção ao longo do tempo

Os meios de transporte também mudam ao longo do tempo. Vamos conhecer alguns deles?

Automóvel em Berlim, Alemanha, 1887.

Homem locomove-se de bicicleta. Estocolmo, Suécia, 2016.

Passageiros em ponto de ônibus em São Paulo, São Paulo, 1955.

Automóveis em Blumenau, Santa Catarina, 2013.

1. O que é semelhante em todas as imagens?

    ☐ Todas mostram meios de transporte.

    ☐ Todas retratam os dias atuais.

2. Quais diferenças você identifica entre as imagens? Converse com os colegas e o professor.

121

Bondes

Você já ouviu falar em bonde?

Os bondes eram um meio de transporte coletivo muito usado nas cidades brasileiras até aproximadamente 1970. Alguns eram feitos de madeira, as rodas eram de ferro e nos bancos havia até quatro lugares.

Andavam sobre trilhos e o trabalhador que os conduzia era conhecido por motorneiro.

Nas grandes cidades, os bondes foram um importante meio de transporte por quase cem anos.

Bonde de madeira. Belo Horizonte, Minas Gerais, 1910.

Bonde elétrico. Salvador, Bahia, 1960.

Ônibus: o transporte de muita gente

O ônibus é um dos meios de transporte mais utilizados pelos brasileiros. Ele é um transporte coletivo usado pelas pessoas para ir ao trabalho, à escola, a hospitais, entre outros.

Em muitas comunidades é comum algumas delas se encontrarem nos pontos ou paradas de ônibus e utilizarem o mesmo ônibus para se deslocar.

Em quase todas as cidades há rodoviárias de onde partem e aonde chegam muitas pessoas de diferentes cidades.

Observe as imagens:

Passageiros sobem em ônibus municipal. Juazeiro, Bahia, 2016.

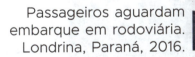

Passageiros aguardam embarque em rodoviária. Londrina, Paraná, 2016.

1. Você e sua família costumam utilizar o ônibus como meio de transporte? Se sim, conte aos colegas e ao professor uma situação em que utilizar o ônibus foi importante para você encontrar outras pessoas.

Ônibus de outros tempos

Com o passar do tempo, os ônibus também se modificaram.

1. Em casa, mostre a dois adultos as imagens a seguir:

Trólebus, ônibus movido a eletricidade. São Paulo, São Paulo, 1980.

Ônibus rodoviário em estrada. São Simão, São Paulo, 1999.

2. Depois faça a eles as perguntas do quadro da **página ao lado** e anote as respostas.

Os ônibus de ontem e de hoje

Nome da pessoa	Nome da pessoa
_____	_____

Você conhece esses tipos de ônibus?

☐ Sim. ☐ Não. | ☐ Sim. ☐ Não.

Você costumava utilizar algum deles?

☐ Sim. ☐ Não. | ☐ Sim. ☐ Não.

Se sim, qual?

☐ Número 1. | ☐ Número 1.
☐ Número 2. | ☐ Número 2.

O que mudou nos ônibus que você utilizava em comparação com os de hoje?

_____	_____
_____	_____
_____	_____
_____	_____
_____	_____

Cruzando o céu

O avião é um meio de transporte muito rápido e capaz de transportar várias pessoas por voo.

Os aviões percorrem o espaço aéreo do mundo inteiro todos os dias, pousando nos aeroportos de diversas cidades.

Muitas vezes, eles transportam pessoas que estão deixando o país onde nasceram – e até então viviam com seus familiares – para ir trabalhar ou estudar em outro país.

Vista aérea do Aeroporto de Congonhas. São Paulo, São Paulo, 2013.

1. Assinale o meio de transporte que transporta o maior número de passageiros.

    ☐ moto   ☐ carro   ☐ avião

2. Assinale o meio de transporte menos rápido.

    ☐ avião   ☐ carroça   ☐ carro

3. Você já foi a um aeroporto?

    ☐ Sim.   ☐ Não.

4. Você já utilizou o avião como meio de transporte? Se a resposta for sim, conte aos colegas e ao professor como foi a experiência.

Pedalando

A bicicleta é um meio de locomoção muito antigo. Além da locomoção pelas ruas da cidade, ela pode ser usada para diversão e na prática de esportes.

Mulher anda de bicicleta.
Victoria, Canadá, 1895.

Homem anda de bicicleta.
Campinas, São Paulo, 2016.

Para muitas pessoas, a bicicleta é o principal meio de transporte. Por essa razão, em diversas cidades foram construídas pistas especiais e mais seguras para os ciclistas, as chamadas ciclovias.

1. A bicicleta é um meio de locomoção:

    ☐ novo.   ☐ antigo.

2. Por que as pessoas usam a bicicleta? Converse com os colegas e o professor.

3. Em grupos, conversem sobre por que é importante o ciclista usar equipamento de segurança.

Leio e compreendo

O sonho de um brasileiro

Alberto nasceu em Minas Gerais e, ainda pequeno, mudou-se para uma grande fazenda com seus pais e irmãos. A fazenda tinha grandes oficinas para cuidar das máquinas. O pequeno Alberto vivia fazendo perguntas. [...]

[...] O tempo passou e Alberto cresceu.

[...] Ele mudou-se para Paris e lá estudou física, matemática, eletricidade e mecânica. Fez um passeio de balão e gostou muito. Mas estava tão animado com o que ia aprendendo que achou que poderia fazer melhor. Foi assim que **projetou** seu primeiro balão, que chamou de **Brasil**.

[...] Ele queria mais do que ser apenas levado pelos ventos. Desejava construir um balão que pudesse ser guiado para onde escolhesse. [...] Assim nasceu o **Santos Dumont 1**.

[...] Porém ele sabia que os dirigíveis eram só o primeiro passo para conquistar o céu. Alberto lembrou de sua infância no Brasil, das pipas e dos pássaros da fazenda:

– As aves são mais pesadas que o ar... e elas não voam?

Projetar: planejar, desenhar algo que se pretende construir.

128

No dia 23 de outubro de 1906, o **14-bis** ganhou velocidade e levantou voo.

Alberto realizou o seu sonho.

Elizabeth, Beatriz e Ruyter da Cruz Ribeiro. *Homem voa!* Rio de Janeiro: Zit, 2005. p. 3-4, 9, 13, 15, 26, 29 e 30.

1. De acordo com o texto, qual era o sonho de Alberto?

_____

2. O que Alberto estudou em Paris?

_____

_____

3. Por que o 14-bis foi a realização do sonho de Alberto?

_____

_____

4. Converse com os colegas e o professor e responda: Quem é Alberto, o personagem do texto?

☐ Um menino que queria viajar de avião.

☐ Alberto Santos Dumont, que muitas pessoas consideram o inventor do avião.

5. Alberto Santos Dumont foi um sonhador. Ele realizou um sonho. E você? Tem algum sonho? Comente com os colegas e o professor.

Meios de transporte e trabalho

Você sabia que muitos trabalhadores utilizam os meios de transporte como instrumentos de trabalho? Observe as imagens.

Caminhão usado por bombeiros. Rio de Janeiro, Rio de Janeiro, 2015.

Motocicleta usada por carteiro. Pancas, Espírito Santo, 2015.

Caminhão usado para venda de comida. Bangcoc, Tailândia, 2015.

Bicicleta usada para venda de pães. Levanto, Itália, 2008.

1. Você já viu algum desses meios de transporte sendo usados como instrumentos de trabalho? Se sim, assinale-os nas imagens acima.

130

A canoa

A canoa caiçara é uma pequena embarcação feita com o tronco de uma única árvore e movida a remo.

Ela é muito importante para os caiçaras, pescadores do litoral dos estados do Rio de Janeiro, São Paulo e Paraná.

Mulher rema em uma canoa caiçara. Paraty, Rio de Janeiro, 2008.

Caiçara puxa rede de pesca. Paraty, Rio de Janeiro, 2016.

A palavra **caiçara** é de origem indígena. Os tupis-guaranis, há muito tempo, usavam o termo para nomear as estacas feitas de galhos de árvores que eram fincadas na água para cercar os peixes.

1. Por que a canoa é importante para o trabalho do pescador?

_____

_____

131

O caminhão

O primeiro caminhão surgiu em 1895. Desde então, esse meio de transporte sofreu diversas modificações.

O caminhão carrega cargas de todos os tipos: alimentos, eletrodomésticos, carros, entre outros.

Caminhão transporta caixas, 1915.

Os motoristas de caminhão, conhecidos como caminhoneiros, são os responsáveis por transportar as cargas a diferentes lugares.

Caminhão carrega água potável, 2016.

1. Qual é a importância do caminhão para o trabalho do caminhoneiro?

_____

_____

_____

Giramundo

O trem

O trem é um meio de transporte existente no Brasil há mais de 150 anos. Ele é utilizado para transportar pessoas e cargas por meio de trilhos.

A imagem a seguir é a pintura de uma artista brasileira chamada Tarsila do Amaral. Nela a artista representa a Estrada de Ferro Central do Brasil, uma importante ferrovia da época em que a pintura foi feita.

Tarsila do Amaral. *Estrada de Ferro Central do Brasil*, 1924. Óleo sobre tela, 1,42 m × 1,27 m.

1. Após observar a imagem, faça uma pintura, em uma folha à parte, que mostre os meios de transporte que circulam nas ruas próximas a sua moradia. Desenhe também sua casa e a de seus vizinhos. Procure utilizar muitas cores.

Construir um mundo melhor

Regras de trânsito

As ruas, estradas e avenidas são espaços públicos em que as pessoas convivem.

Para que motoristas e pedestres se desloquem com segurança e convivam bem, é preciso que conheçam e respeitem as regras de trânsito.

Respeitar os semáforos e saber ler as placas e os sinais de trânsito é muito importante para garantir também uma boa convivência entre pedestres, ciclistas e motoristas.

Motoristas e passageiros devem usar cinto de segurança.

É importante respeitar a velocidade máxima permitida.

Devemos atravessar a rua sempre na faixa de pedestres.

Crianças devem usar os equipamentos de proteção adequados.

Agora você e os colegas vão elaborar um cartaz sobre segurança no trânsito. Sigam as etapas abaixo.

1. Reúna-se com três colegas. Juntos, leiam o texto e observem as imagens da página anterior. Depois respondam:

    a) Quais regras retratadas nas imagens vocês conhecem? Escrevam o número de cada uma.

    _____

    b) Quais regras retratadas nas imagens vocês não conhecem? Escrevam o número de cada uma delas abaixo.

    _____

2. Agora conversem sobre outras regras de trânsito que não estão retratadas nas imagens e escolham juntos uma delas para criar um cartaz.

3. Utilizem uma folha avulsa para a elaboração do cartaz. Pode ser cartolina ou uma folha de papel A3 ou A4.

4. Façam um desenho para a regra de trânsito escolhida.

5. Criem uma frase que explique a regra escolhida e a escrevam no cartaz.

6. Mostrem o cartaz aos colegas da turma e expliquem a frase criada.

7. Combinem com o professor um espaço dentro ou fora da sala de aula para expor todos os cartazes.

Retomada

1. Reúna-se com três colegas e faça a seguinte pergunta para cada um deles: Qual é o meio de transporte que você mais usa para vir à escola? Anote as respostas no quadro abaixo.

Nome	Meio de transporte

2. Com o passar do tempo, os meios de transporte foram modificados para atender mais pessoas, e de maneira mais rápida. Observe as fotografias, leia as legendas e faça o que se pede.

Passageiros aguardam saída do bonde. Belo Horizonte, Minas Gerais, 1941.

Carroça transporta pessoas e frutas.
São Paulo, São Paulo, 1920.

Ônibus trafega em avenida.
Petrolina, Pernambuco, 2016.

a) Qual é o meio de transporte mais recente? Escreva o número da fotografia e o nome dele.

_____

b) Qual é o meio de transporte mais antigo? Escreva o número da fotografia e o nome dele.

_____

c) Agora ordene os meios de transporte do mais atual até o mais antigo.

1. _____

2. _____

3. _____

d) Em qual desses meios de transporte você já andou?

_____

e) Em qual você não andou e gostaria de andar?

_____

Periscópio

📖 Para ler

199 meios de transporte, de Pete Taylor. Barueri: Usborne, 2017.
Quantos meios de transporte você conhece? Os transportes podem variar dependendo do lugar? Esse livro traz 199 ilustrações de transportes de várias partes do mundo.

A caminho da escola, de Fábia Terni. São Paulo: Studio Nobel, 1997.
Por meio desse livro você vai descobrir alguns meios de transporte que crianças de diversas regiões do Brasil utilizam para chegar à escola.

▶ Para assistir

As aventuras do avião vermelho, direção de Frederico Pinto e José Maia, 2013.
Animação baseada em um livro de mesmo nome do escritor Erico Verissimo. Conta a história de Fernandinho, um menino de 8 anos que, ao ganhar um livro do pai, vive em sua imaginação grandes aventuras a bordo do avião vermelho.

Referências

ALMEIDA, Rosangela Doin. *Do desenho ao mapa*: iniciação cartográfica na escola. 2. ed. São Paulo: Contexto, 2003. (Caminhos da Geografia).

ANTUNES, Celso. *Novas maneiras de ensinar, novas formas de aprender*. Porto Alegre: Artmed, 2002.

ARIÈS, Philippe. *A história social da criança e da família*. Rio de Janeiro: LTC, 1981.

AROEIRA, Maria Luisa; FONTES, Maria Lopes da Mota. *Uma casa para viver*. Belo Horizonte: Dimensão, 2009.

BECKER, Fernando. *Educação e construção do conhecimento*. Porto Alegre: Artmed, 2001.

BITTENCOURT, Circe Maria Fernandes. *Ensino de História*: fundamentos e métodos. São Paulo: Cortez, 2005.

_____ (Org.). *O saber histórico na sala de aula*. São Paulo: Contexto, 2006.

BRASIL. Congresso Nacional. Câmara dos Deputados. *Estatuto da criança e do adolescente*. 15. ed. Brasília: Edições Câmara, 2015 [1990].

_____. Ministério da Educação. Secretaria de Educação Básica. Diretoria de Currículos e Educação Integral. *Diretrizes Curriculares Nacionais Gerais da Educação Básica*. Brasília, 2013.

_____. Ministério da Educação. *Base Nacional Comum Curricular*. 3. versão. Brasília, 2017.

_____. Ministério da Saúde. *Estatuto do Idoso*. 3. ed. Brasília, 2013.

BUSCH, Ana; VILELA, Caio. *Um mundo de crianças*. São Paulo: Panda Books, 2007.

DE ROSSI, Vera Lúcia Salles; ZAMBONI, Ernesta (Org.). *Quanto tempo o tempo tem*. Campinas: Alínea, 2003.

DIMENSTEIN, Gilberto. *O cidadão de papel*. 20. ed. São Paulo: Ática, 2003. (Discussão Aberta).

FRAGATA, Claudio. *João, Joãozinho, Joãozito*: o menino encantado. Rio de Janeiro: Galera Record, 2016.

FRIEDMANN, Adriana. *A arte de brincar*: brincadeiras e jogos tradicionais. São Paulo: Vozes, 2004.

_____. *Brincar, crescer e aprender*: o resgate do jogo infantil. São Paulo: Moderna, 1996.

HERNANDEZ, Leila Maria Gonçalves Leite. *A África na sala de aula*: visita à história contemporânea. São Paulo: Selo Negro, 2005.

KINDERSLEY, Dorling. *Arte para crianças*. São Paulo: Publifolhinha, 2012.

LEITÃO, Mércia; DUARTE, Neide. *Folclorices de brincar*. São Paulo: Editora do Brasil, 2009.

LODY, Raul (Org.). *A vida em sociedade*: olhar a África e ver o Brasil. Fotografias de Pierre Fatumbi Verger e texto de Maria da Penha B. Youssef. São Paulo: Companhia Editora Nacional, 2005. (Olhar e Ver).

LOURENÇO, Conceição. *Racismo*: a verdade dói. Encare. São Paulo: Editora Terceiro Nome; Mostarda Editora, 2006.

MACEDO, José Rivair. *História da África*. São Paulo: Contexto, 2015.

MACHADO, Ana Maria. *Quando eu crescer...* São Paulo: Moderna, 2013.

_____. *Vamos brincar de escola?* São Paulo: Salamandra, 2005.

MACHADO, Marina Marcondes. *O brinquedo-sucata e a criança*: a importância do brincar. 2. ed. São Paulo: Loyola, 1995.

MARTINS, Georgina. *Minha família é colorida*. São Paulo: Edições SM, 2015.

MATTOS, Regiane Augusto de. *História e cultura afro-brasileira*. 2. ed. São Paulo: Contexto, 2016.

MESGRAVIS, Laima; PINSKY, Carla Bassanezi. *O Brasil que os europeus encontraram*: a natureza, os índios, os homens brancos. 2. ed. São Paulo: Contexto, 2016.

MIRIM – Povos indígenas no Brasil. *Jeitos de aprender*. Disponível em: <https://mirim.org/como-vivem/aprender>. Acesso em: 23 abr. 2018.

MONTENEGRO, Antônio Torres. *História oral e memória*: a cultura popular revisitada. 6. ed. São Paulo: Contexto, 2013.

MORIN, Edgar. *A cabeça bem-feita*: repensar a reforma, reformar o pensamento. Rio de Janeiro: Bertrand Brasil, 2000.

_____. *Os sete saberes necessários à educação do futuro*. São Paulo: Cortez; Brasília: Unesco, 2000.

MOYLES, Janet R. et al. *A excelência do brincar*. Porto Alegre: Artmed, 2005.

MUNDURUKU, Daniel. *Um dia na aldeia*: uma história Munduruku. São Paulo: Melhoramentos, 2012.

NESTROVSKI, Arthur. *Agora eu era*. São Paulo: Companhia das Letrinhas, 2009.

NOVAIS, Fernando A.; SCHWARCZ, Lilia Moritz (Org.). *Contrastes da intimidade contemporânea*. São Paulo: Companhia das Letras, 1997. v. 4. (História da Vida Privada no Brasil).

_____; SEVCENKO, Nicolau (Org.). *República*: da Belle Époque à era do rádio. São Paulo: Companhia das Letras, 1997. v. 3. (História da Vida Privada no Brasil).

_____; SOUZA, Laura de Mello (Org.). *Cotidiano e vida privada na América portuguesa*. São Paulo: Companhia das Letras, 1997. v. 1. (História da Vida Privada no Brasil).

OLIVER, Magno. Conheça o artista que, mesmo sem as mãos, dá um *show* de talento. *Fatos desconhecidos*, 1º fev. 2016. Disponível em: <www.fatosdesconhecidos.com.br/conheca-o-artista-plastico-que-mesmo-sem-as-maos-da-um-show-de-talento>. Acesso em: 23 abr. 2018.

PERRENOUD, Philippe. *Dez novas competências para ensinar*. Porto Alegre: Artmed, 2000.

_____; GATHER THURLER, Monica. *As competências para ensinar no século XXI*: a formação dos professores e o desafio da avaliação. 10. ed. Rio de Janeiro: Forense Universitária, 2005.

PESTILI, Ellen. *Cada casa casa com cada um*. São Paulo: Editora do Brasil, 2013.

PIAGET, Jean. *A formação do símbolo na criança*: imitação, jogo, sonho, imagem e representação. 4. ed. São Paulo: LTC, 2010.

PINSKY, Carla Bassanezi; DE LUCA, Tania Regina (Org.). *O historiador e suas fontes*. 1. ed. 4. reimp. São Paulo: Contexto, 2015.

PRIORE, Mary Del (Org.). *História das crianças no Brasil*. 4. ed. São Paulo: Contexto, 2004.

_____ (Org.). *História das mulheres no Brasil*. 7. ed. São Paulo: Contexto; Unesp, 2004.

QUINTANA, Mário. *Lili inventa o mundo*. 9. ed. São Paulo: Global, 2005.

RAMOS, Pilar. *Um longo dia*. São Paulo: Editora do Brasil, 2008.

RAMOS, Rossana. *Na minha escola todo mundo é igual*. São Paulo: Cortez, 2004.

RIBEIRO, Beatriz da Cruz; RIBEIRO, Elisabeth da Cruz; RIBEIRO, Ruyter da Cruz. *Homem voa!* Rio de Janeiro: Zit, 2005.

ROCHA, Ruth. *A escola do Marcelo*. São Paulo: Salamandra, 2001.

_____. *A rua do Marcelo*. São Paulo: Salamandra, 2012.

_____. *Os direitos das crianças segundo Ruth Rocha*. São Paulo: Salamandra, 2014.

RUPIONI, Luís Donisete Benzi. *Juntos na aldeia*. São Paulo: Berlendis & Vertecchia Editores, 2006.

SCHAFF, Adam. *História e verdade*. São Paulo: Martins Fontes, 1978.

SCHMIDT, Maria Auxiliadora; CAINELLI, Marlene. *Ensinar História*. São Paulo: Scipione, 2009.

STEAMS, Peter N. *A infância*. Trad. Mirna Pinsky. São Paulo: Contexto, 2006.

SUYÁ, Thiayu. *Geografia indígena*: Parque Indígena do Xingu. São Paulo: Instituto Socioambiental; Brasília: MEC; CEF; DPEF, 1988.

TAYLOR, Pete. *199 meios de transporte*. Barueri: Usborne, 2017.

TERNI, Fábia. *A caminho da escola*. São Paulo: Studio Nobel, 1997.

TIRAPELI, Percival. *Arte indígena*: do pré-colonial à contemporaneidade. São Paulo: Companhia Editora Nacional, 2006. (Arte Brasileira).

_____. *Arte popular*. São Paulo: Companhia Editora Nacional, 2006. (Arte Brasileira).

URBAN, Ana Claudia; LUPODNI, Teresa Jussara. *Aprender e ensinar História nos anos iniciais do Ensino Fundamental*. São Paulo: Cortez, 2015.

VYGOTSKY, Lev Semenovich. *A formação social da mente*: o desenvolvimento dos processos psicológicos superiores. 6. ed. São Paulo: Martins Fontes, 1998.

XAVIER, Marcelo. *Tem de tudo nesta rua...* São Paulo: Formato, 2013.

ZABALA, Antoni. *Como trabalhar os conteúdos procedimentais em aula*. 2. ed. Porto Alegre: Artmed, 1999.

Material complementar

Unidade 5 – página 74

MINHA MORADIA É UMA CASA.

MINHA MORADIA É FEITA DE MADEIRA SOBRE PALAFITAS.

MINHA MORADIA TEM ESCADAS.

MINHA MORADIA É UM APARTAMENTO.

MINHA MORADIA É FEITA DE TIJOLOS.

MINHA MORADIA É FEITA DE MADEIRA.

MINHA MORADIA É FEITA DE BARRO E MADEIRA.

Unidade 3 – página 39

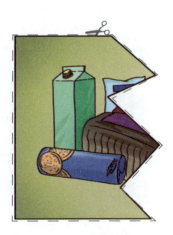

143